DISCOVRS DE LA SOVVERAINETE' DES ROYS.

Par MOYSE AMYRAVT, Pasteur & Professeur en Theologie à Saumur.

~~Se Vendent à Charenton~~

Par LOVIS VENDOSME, demeurant à Paris, ruë de la Harpe, proche le Pont S. Michel, au Sacrifice d'Abraham.

M. DC. L.

DISCOVRS DE LA SOVVERAINETÉ DES ROYS.

Sur ces paroles du Pseaume CV.

Ne touchez point à mes Oincts, & ne faites point de mal à mes Prophetes.

LOrs que les Independans d'Angleterre eurent fait mourir leur Roy, ils iugerent bien que cette action causeroit de l'horreur dans les esprits : c'est pourquoy ils publierent vne espece de Manifeste pour leur iustification. Et d'autant que plusieurs Escriuains anciens & modernes, & des Conciles entiers, se sont seruis de ce passage, *Ne touchez point à mes Oincts, & ne faites point de mal à mes Prophetes*, pour monstrer que Dieu défend d'attenter à la personne des Souuerains, ils se proposerent entre autres ce témoignage à refuter, & firent leur effort pour y respondre. Ie n'ay pas à cette heure leur Ecrit entre les mains, & ne me souuiens pas bien precisément des particularitez de leur response : mais tant y a qu'ils y soutiennent que le Psalmiste n'y designe aucunes personnes singulierement priuilegiées, soit Roys, ou Sacrificateurs, ou Prophetes; & que son dessein est seulement de celebrer la protection que Dieu a tousiours estendue sur son Eglise, pour laquelle ils pretendent qu'il est dit là qu'il a chastié iusques aux Roys. Comme ie courois cet Ecrit de l'œil, ie ne trouuay pas estrange que ceux qui ont commis vn tel attentat, & qui ont renuersé le Royaume d'Angleterre c'en dessus dessous, peruertissent l'intelligence de l'Ecriture, & essayassent de monstrer qu'ils n'auoient rien executé contre le commandement de Dieu. Mais ie ne creus pas alors qu'il se treuuast aucun homme bien sensé qui donnast lieu à leur interpretation, ny qui se laissast arracher des mains vne si auguste sentence, que le Prophete nous rapporté comme prononcée de la bouche de Dieu mesme, pour rendre sacrées & inuiolables les personnes eleuées aux souueraines dignitez. Ce fut la raison pourquoy il ne me vint point en l'esprit de mettre la main à la plume, pour faire voir & le vray sens de cette sentence, & la vanité de l'exception des Independans. Ioint que ie m'imaginois que quelcun entreprendroit la refutation de ce Manifeste tout entier, & que quiconque le feroit ne manqueroit pas de mettre en plein iour la vraye intelligence de ces paroles. Or est-il bien vray qu'il est depuis peu sorty en lumiere vne Defense du feu Roy de la Grand' Bretagne, qui découure d'vne façon si excellente l'atrocité du crime commis par ces gens, qu'il n'est pas besoin d'vne autre refutation de leur Ecrit pour connoistre combien ils doiuent estre odieux à toute la terre. Neantmoins, parce que dans cette belle piece le passage du Pseaume CV. n'est point expliqué ny defendu, & que le temps & les occurrences des choses nous contraignent bien souuent à prendre de nouueaux aduis, ie me sens maintenant obligé en conscience de redonner à cet Oracle ce que ces bons interpretes ont taſché de luy oster, afin que leur Theologie & leur Politique ne face point en cet egard d'impression dans les bonnes ames. Et veritablement il ne fut iamais si necessaire qu'il est maintenant, de donner à toutes sortes de personnes vne viue & profonde persuasion de la souueraine Maiesté des Roys, depuis que les Independans ne se contentant pas d'auoir fait vn si lamentable exemple du leur, semblent auoir ouuertement declaré la guerre à tous les Monarques. Car autrefois quand quelques Iesuites escriuoient, qu'il estoit permis de deposer & d'assassiner les Souuerains, on disoit que c'estoient des sentimens de particuliers, qui encore protestoient qu'ils n'en vouloient qu'aux tyrans, & qui faisoient profession d'auoir quelque respect & quelque veneration pour les bons Princes. Et alors les Parlements faisoient brusler ces Liures par les mains du bourreau, les peuples en auoient les auteurs en execration; & s'ils ont corrompu quelqu'vn, on l'a tenu comme vn monstre entre les hommes. Au lieu que maintenant on débite ces Manifestes au nom d'vne grande Nation; on emprunte pour les autoriser cét auguste nom de Parlement, & le venin qu'ils épandent gaste si grand nombre de gens, qu'il est à craindre qu'auec le temps ils ne fassent vne secte considerable. Ie me propose donc d'examiner ces paroles dans ce Discours, afin de faire voir contre la pretention des Independans, qu'elles ont esté fort bien employées pour la deffense de la dignité des Roys, & pour la seureté inuiolable de leurs personnes. En quoy ie mesleray quelques considerations politiques auecque celles de la Theologie & de la Religion; parce qu'en la matiere dont il s'agit, elles ont vne fort estroite & comme indissoluble liaison entr'elles.

C'est vne chose claire & indubitable que ce Pseaume a esté composé pour faire commemoration des graces que Dieu a communiquées à son peuple d'Israel. Et dautant que ce peuple estoit descendu d'Abraham, d'Isaac, & de Iacob, & que toutes les gratifications extraordinaires qu'il auoit receuës dependoient des alliances que Dieu auoit traitées auec ces Patriarches autrefois: le Prophete remonte iusques à eux, comme à la source d'où la matiere de son propos deuoit decouler; puis en descendant à Ioseph, & de là à Moyse, & à Aaron, il conduit son Cantique iusques à l'entrée de ce peuple en Chanaam, où il dit que le Seigneur l'a estably pour y obseruer ses Ordonnances. Voicy la suite de ses paroles à l'endroit où il fait mention de ces premieres souches de l'Eglise. *Dieu a eu souuenance de ce qu'il a traité auec Abraham, & de son serment fait à Isaac; Qu'il a ratifié pour ordonnance à Iacob & à Israel pour alliance eternelle.* Disant, *Ie te donneray le pays de Canaan, pour le lot de ton heritage; encore qu'ils fussent en petit nombre de gens, voire que depuis peu de temps ils y seiournassent comme estrangers. Car ils alloient çà & là, de Nation en Nation, & d'vn Royaume vers vn autre peuple. Il n'a pas souffert qu'aucun les outrageast; mesmes il a chastié des Roys pour l'amour d'eux*: Disant, *Ne touchez point à mes Oincts, & ne faites point de mal à mes Prophetes. Il appella aussi la famine pour venir sur la terre; & rompit tout le baston du pain: il enuoya vn personnage deuant eux: Ioseph fut vendu pour esclaue.* Il est plus que manifeste par la lecture de ces versets, qu'ils ont esté ainsi écrits à l'egard des temps qui ont precedé la vendition de Ioseph, & pour le sujet de ces trois premiers Patriarches. Le Prophete les nomme disertement, & parle nommément des alliances que Dieu a faites de temps en temps auec eux. Il y celebre la promesse que Dieu leur a faite de leur donner en heritage la terre de Canaan, & cette promesse est diuerses fois reïterée dans la Genese. Au chapitre 12. Dieu l'addresse premierement à Abraham; puis il la luy repete au 15. Au 16. il la luy confirme de nouueau. Au 23. il la renouuelle à son fils Isaac. Au 28. il la ratifie à Iacob; & le peuple d'Israël ne posseda puis apres cette contrée là, sinon en consequence de ces promesses. Le prophete adiouste que ceux dont il parle *estoient en petit nombre de gens*; parce qu'ils n'auoient que leurs familles seulement : & que depuis peu ils sejournoient en la terre de Canaan comme estrangers; ce qui est dit d'Abraham & de Iacob en propres termes. Il dit qu'ils ont tracassé *de nation en nation*; parce qu'Abraham est venu d'Vr des Caldéens en Canaan; que de Canaan il a voyagé en Egypte; que le mesme Abraham & Isaac son fils ont demeuré en Guerar; que Iacob s'en est allé en Paddan-Aran, & de là s'en est retourné en Canaan, d'où il descendit aussi en Egypte comme son grand pere : & qu'en quelque lieu qu'ils ayent esté, ny les vns ny les autres n'ont point eu de

Heb. 11. 9.
Genes. 47. 9.

station ferme & permanente. Il adiouste que Dieu n'a pas souffert *que personne les outrageast, & que mesmes il a chastié des Roys pour l'amour d'eux*: parce que *Dieu frappa Pharao de grandes playes à cause de Sarai femme d'Abraham*, comme il est dit au 12. de la Genese, & qu'au 20. du mesme liure il menaça Abimelec, Roy de Guerar, pour le mesme sujet; & en fin, qu'il empescha les habitãs des enuirons de Sichem de courre sus à Iacob, & qu'en toutes occasions il garentit ces saincts hommes des entreprises de leurs ennemis, comme cela se void dans toute la suite de leur histoire. Il conclut que Dieu a dit, *Ne touchez point à mes Oincts, & ne faites point de mal à mes Prophetes*; parce que Dieu menaçant Abimelec luy dit, *Ren la femme à Abraham; car il est Prophete*, & pour les autres raisons semblables que nous mettrons tantost en auant. Et cela est si euident que ny les anciens, ny les modernes n'en font aucune difficulté. Tel a esté le sentiment de S. Ierosme & de S. Augustin; tel celuy de l'Auteur du Commentaire sur les Pseaumes qui a esté attribué à Chrysostome. La Glose ordinaire l'explque ainsi, & Dionysius Carthusianus, & Caietan, & Catena Aurea : Caluin, Bucer, Vatable, Iunius, Mollerus, Diodati, ſont de la meſme opinion; & generalement tous ceux qui ont de la reputation entre les Interpretes. De ſorte que ce ſeroit merueille que les Independans l'ayent peu prendre autrement, s'ils ne ſembloient auoir reſolu de bouleuerſer toutes choſes.

Or y auoit-il dans ces Patriarches de deux ſortes de qualitez. Les vnes leur eſtoient communes auec tous les autres fidelles, comme la foy aux promeſſes de Dieu, la vraye ſanctification, & l'eſperance de la vie bien-heureuſe. Les autres leur eſtoient particulieres, & conſiſtoient en quelques prerogatiues perſonnelles, que nous examinerons dans la ſuite de ce Diſcours. Tellement qu'il faut que le tiltre d'Oincts de Dieu, & de Prophetes, leur ait eſté dōné à l'égard ou des vnes, ou des autres de ces qualitez preciſément: car quant à les conioindre enſemble pour leur attacher cette appellation à cauſe d'elles toutes également & par indiuis, la difference de leur nature ne le peut permettre. Les vnes eſtāt communes, & les autres particulieres: les vnes ordinaires, & les autres extraordinaires; les vnes regardant le ſalut de ceux là

proprement qui les possedoient, les autres concernant quelques aduantages de la vie presente, ou bien le salut d'autruy, ce seroit cõtre toute apparence de raison qu'on ne leur donneroit qu'vne mesme denomination à toutes. Pour donc commencer par là, c'est vne chose qui doit estre hors de toute contestation, que de tant d'endroits du Vieux Testament, où ces mots *d'Oincts de l'Eternel* & de *Prophetes*, se rencontrent, il n'y en a pas seulement vn où ils designent autre chose que des personnes sacrées, que Dieu a appellées d'vne façon particuliere à la charge de Prophetes, de Sacrificateurs, & de Roys. Et si quelqu'vn doute de la verité de ce que ie dis ainsi vniuersellement, il n'a qu'à consulter luy mesme ses Concordances. Ce seroit donc vne chose tout à fait extraordinaire que le S. Esprit eust icy employé ces termes en vn autre sens, & pour signifier des qualitez communes à tous les fidelles. Au Nouueau
1 Iean. Testament S. Iean dit que les Chrestiens
2. v. 27. *ont receu l'onction de par le Sainct*; ce qui est commun à tous ceux qui ont veritablement creu au Sauueur du monde. Mais il y a grande difference en cet égard entre le stile de l'ancienne & celuy de la nouuelle

Alliance. Sous l'ancienne, le peuple voyoit bien l'onction exterieure & corporelle du souuerain Sacrificateur, laquelle de la teste se répandoit sur tout le corps, comme il est dit au Pseaume CXXXIII. mais on n'entendoit pas alors la significa-tion typique de cette ceremonie. Sous la nouuelle, nous sçauons que cela representoit l'onction du S. Esprit, qui a esté donné sans mesure à nostre Seigneur IesusChrist, afin qu'il le communiquast à ses membres. C'est pourquoy les Apostres nous parlent de l'onction dont nous sommes participans; au lieu que les Prophetes n'en ont point parlé aux fidelles de leur temps, par ce que leur condition ne souffroit pas qu'ils eussent l'intelligence de ce mystere. Adioustez à cela que cette façon de parler, *Vous auez receu l'onction de par le Sainct*, & cette appellation *d'Oinct de l'Eternel*, comme elle se treuue en ce passage, ne sont pas d'vne mesme emphase. L'vne exprime seulement l'effet de la communion spirituelle que nous auons auec Iesus-Christ; l'autre represente quelque chose de si splendide & de si glorieux, qu'elle ne peut conuenir indifferemment à chaque fidele. Comme chacun des membres d'Aaron,

bien qu'il eust receu quelque partie de son
onction, n'estoit pas l'oinct de l'Eternel;
mais c'estoit sa personne toute entiere seu-
lement à qui ce tiltre appartenoit; chacun
des fidelles de nostre Sauueur, bien qu'il
soit participant de son Esprit , n'est pas
l'oinct de l'Eternel pourtant. Cette ma-
gnifique appellation, au fait de la Religion,
ne conuient sinon à la personne de Iesus-
Christ, ou à son Eglise considerée en corps
& en general, entant qu'elle est conioincte
au Seigneur comme à son chef: car en
1. Cor. cette relation elle est quelquesfois appel
12. 12. lée de ce nom de Christ en l'Ecriture. Au
Gal. 3. commencement de l'Apocalypse il est dit
16. c Apocal. que nostre Seigneur nous *a faits Roys &*
1. 6 1. Pier. *Sacrificateurs à Dieu son Pere*: comme S.
2. 9. Pierre auoit écrit que nous sommes *la sa-*
Exod. 19. 6. *crificature Royale* , & comme Dieu mesme
auoit appellé son peuple, *vn Royaume de sa-*
crificateurs: ce qui signifie vne multitude
de Sacrificateurs & de Roys, ainsi que l'in-
terpretent les Hebreux, & qu'il a esté re-
marqué par les gens doctes. Mais nous ne
voyons point qu'en aucun endroit l'Eglise
de Dieu soit appellée *vne multitude de Pro-*
Nomb. *phetes*. Au contraire Moyse faisant ce sou-
11. 29. hait, *A la mienne volonté que tout le peuple*

de l'Eternel fust Prophete, donnoit assez à entendre qu'il croyoit que tout le peuple ne l'estoit pas. Et quant au Nouueau Testament, il ne se treuuera aucun endroit où le nom de Prophetes soit donné aux fidelles entant que fidelles, & à l'occasion des graces ordinaires de l'Esprit de Dieu en eux; mais que par tout cette qualité est attribuée à l'égard des reuelations extraordinaires, des entousiasmes de l'Esprit, des visions addressées des cieux, & des autres choses de cette nature; qui estoient à la verité fort communes en la naissance du Christianisme, mais non pas vniuerselles pourtant. Et depuis, par traict de temps, l'vsage en a tellement cessé, que nous n'en voyons aucune trace en l'Eglise depuis plusieurs siecles. Car quant à ce qui se lit au 19. de l'Apocalypse, que *le témoignage de Iesus est l'Esprit de prophetie*; il se doit rapporter à ces miraculeux rauissemẽs de l'Esprit, que l'Apostre S. Iean, & les autres Ministres de Iesus-Christ ont sentis en ce temps là, comme il luy plaisoit de les leur dispenser pour leur reueler l'aduenir, & leur donner la connoissance des choses ausquelles autrement l'entendement de l'homme ne pouuoit atteindre. Car il y auoit en cela vn excellent témoignage & de la Resurrection de Christ, & de son Ascension au ciel, & du Royaume dont il auoit pris possession là haut, qu'il en versoit magnifiquement les largesses sur ses seruiteurs, pour leur donner des lumieres & des éleuations qui passoient de si loin la portée ordinaire de l'Esprit de l'homme. La raison de cette difference n'est pas mal aisée à rendre. Par ces appellations de Sacrificateurs & de Roys, qui sont données aux fidelles en commun, Dieu & ses Apostres ont voulu éleuer la dignité de l'Eglise au plus haut degré de splendeur que l'on se peut imaginer. Or comme il y auoit autrefois en Israël deux sortes de societez, l'vne politique & ciuile, & l'autre religieuse, aussi y auoit-il de deux sortes de dignitez souueraines. L'vne estoit Royale, où dans la societé ciuile les Roys estoient absolument par dessus tous; l'autre Sacerdotale, où dans la societé religieuse les souuerains Sacrificateurs tenoient absolument le premier rang auant l'establissement des Roys. Et l'vne & l'autre de ces dignitez estoit conjointe auec quelque éclat, & quelque magnificence de gloire, qui donnoit dans la veuë des hommes, & qui concilioit du

respect

respect & de la veneration. Au lieu que dans les Prophetes il n'y auoit rien de tel. Car en ce qui estoit de leur vocation, leur autorité estoit souueraine à la verité, parce qu'elle leur auoit esté conferée immediatement de par Dieu, comme nous le verrons tantost: mais cela estoit si peu reuestu de cette splendeur de majesté qui accompagnoit les Roys & les souuerains Sacrificateurs, que la façon exterieure des Prophetes estoit plustost ordinairement contemptible. Ioignez à cela que la dignité des Roys & des Souuerains Sacrificateurs estoit vne chose permanente, comme leurs fonctions estoient ordinaires, aux vns dans les choses sainctes & diuines, aux autres dans les choses de la vie presente, & dans l'autorité du gouuernement, tant sur les sujets au dedans, que contre les ennemis au dehors. Ce qui conuient parfaitement bien à representer le seruice spirituel que l'Eglise rend à Dieu continuellement & d'aage en aage, & la puissance qu'il nous donne sur nos propres passions, & contre les ennemis de nostre salut. Là où comme la vocation des Prophetes estoit extraordinaire, la dignité, quelle qu'elle fust, qui l'accompagnoit estoit passagere pareillement, & ne concernoit nullement ny les fonctions ordinaires qui se deuoient faire au Tabernacle & au Temple pour le seruice de Dieu, ny le gouuernement de la Police, ou les exploits militaires qui regardent les ennemis. Et s'il y a eu des Prophetes qui se soient meslez de cela, ç'a esté non en qualité de Prophetes, mais de Iuges ou de Roys. Il faut donc que ces tiltres *d'Oincts de l'Eternel*, & *de Prophetes*, ayent esté donnez aux Patriarches pour quelque raison particuliere & personnelle, laquelle ne conuient pas aux fidelles en general, comme s'imaginent les Independans.

Or quant à celuy de *Prophete*, la chose est sans difficulté. Abraham est ainsi nommé au 20. de la Genese, comme ie l'ay desja rapporté; & luy, & Isaac, & Iacob, ont veritablement esté Prophetes. Les visions celestes qui ont esté adressées à Abraham: la benediction prophetique qu'Isaac prononça peu deuant sa mort sur ses deux enfans, & ces admirables predictions des choses à venir, qui sortirent de la bouche de Iacob, comme elles nous sont rapportées au 49. du mesme liure, ne laissent aucun lieu de le reuoquer en doute. Mais quant à cette qualité d'Oincts de l'Eternel, il n'eſt pas du tout ſi clair pourquoy le S. Eſprit la leur donne. L'onction comme chacun ſçait, ſe pratiquoit autrefois enuers trois ſortes de perſonnes; les Roys, les Souuerains Sacrificateurs, & les Prophetes: dequoy il n'eſt pas neceſſaire que nous recherchions icy la raiſon plus particulierement. Si les Patriarches n'auoient point eu d'autre qualité extraordinaire, que celle de Prophete, on pourroit dire qu'ils ſont appellez Oincts de l'Eternel en cette conſideration, & que la ſeconde partie du verſet eſt l'explication de la premiere, comme il eſt ordinaire dans les Pſeaumes; & cela ſeroit ſuffiſant pour ce que ie me ſuis propoſé en ce Diſcours. Car nous verrons dans la ſuitte que les Prophetes ont eſté abſolument inuiolables à cauſe de l'eminence de leur charge, & de la dignité de leur onction. Tellement que s'il y a eu encore quelqu'autre charge plus eminente que la Prophetique, & dont l'onction fuſt en quelque ſorte plus ſacrée & plus venerable, il eſt clair qu'elle aura donné à ceux qui l'auront poſſedée, quelque majeſté plus auguſte, & qui les aura rendus plus reſpectables que les Prophetes meſmes ne l'ont eſté. Et que telle ait eſté

en Israël la charge des Roys, c'est chose que nous mettrons Dieu aidant hors de controuerse. Autant donc que les autres Roys approcheront de la dignité & de la maiesté de ceux d'Israël, autant à proportion leurs personnes deuront-elles estre sacrées & inuiolables. Mais il y auoit dans les Patriarches quelque chose de plus que la Prophetie. Et premierement, qu'Abraham ait esté pourueu de la dignité Sacerdotale, & mesmes de la souueraine, telle que Leui & Aaron l'ont possedée depuis, c'est chose claire d'elle-mesme, & hors de contestation. Car outre qu'il a offert à Dieu des sacrifices en sa famille, ce qu'il n'auroit pas entrepris, s'il n'eust esté Sacrificateur, Leui n'a esté Sacrificateur sinon par ce qu'il a succedé en cette qualité à son bisayeul. L'Epistre aux Hebreux le nous enseigne clairement, où elle dit que
Heb. 7. 9.10. Leui *a esté dismé par Melchisedec en Abraham, d'autant qu'il estoit dans les reins d'Abraham quand Melchisedec luy vint au deuant.* Car l'intention de l'Apostre en cét endroit est de monstrer l'excellence du Sacerdoce qui est selon l'ordre de Melchisedec, par dessus le Sacerdoce qui est selon l'ordre d'Aaron, ou de Leui, de qui Aaron

le tenoit. Sa raiſon eſt qu'vn Sacerdoce qui a droict de prendre les diſmes ſur l'autre, a quelque notable degré d'excellence & de ſuperiorité par deſſus celuy qui les donne. Or eſt-il que la ſacrificature qui eſt ſelon l'ordre de Melchiſedec, a diſmé Abraham, dans les reins duquel Leui eſtoit quand ils vinrent à la rencontre l'vn de l'autre. Ce qui n'auroit aucune force de raiſonnement ſi Leui auoit eu ſon Sacerdoce d'ailleurs que de la ſucceſſion d'Abraham; Parce que s'il l'auoit eu d'ailleurs, il n'auroit point eſté diſmé en Abraham, puis qu'il n'a eſté diſmé qu'en qualité de Sacrificateur, & qu'en cette qualité il n'auroit point eſté dans les reins de ce Patriarche. Or ce qui eſt ainſi dit d'Abraham doit eſtre entendu d'Iſaac & de Iacob pareillement, d'autant qu'Iſaac a ſuccedé à Abraham dans toutes ſes dignitez de meſme. Apres cela Abraham a poſſedé des qualitez qui le peuuent faire appeller Prince Souuerain. Car la Souueraineté conſiſte premierement à n'eſtre ſujet à aucune puiſſance politique pour luy rendre conte de ſes actions : puis apres à auoir quelques ſujets ſur leſquels on commande abſolument, & à qui on donne les Loix de leur gouuernement, auec pleine autorité d'exiger l'obeïssance; ce qui enclost necessairement le pouuoir du chastiment en cas de rebellion. Or pour la premiere de ces deux choses, quand Dieu commanda à Abraham de sortir d'Vr des Caldeens pour s'en venir en Canaan, il le tira de dessous la domination des Puissances qui y pouuoient estre establies, & luy osta la qualité de leur sujet. Depuis il ne fixa sa demeure en aucun endroit, & par tout où il luy ordonna de voyager, il le fit non seulement tousiours reconnoistre pour etranger, mais il l exemta de la sujetion des Roys & des Magistrats dans les pays desquels il se rencontra. Tellement qu'Abraham parla bien à la verité à eux auec respect, comme se trouuant en leurs terres où ils auoient l'autorité de Souuerains: mais de leur costé ils le considerent tousiours auec respect pareillement, & comme n'estant point de leur iurisdiction, ny sujet à leur puissance.

Genes 12.20. Ainsi est il renuoyé d'Egypte par le Roy Pharao auec honneur;

Genes. 23.6. ainsi est il reconnu par les Hethiens comme *vn Prince excellent au milieu d'eux*:

Genes 20,15. ainsi le Roy de Guerar luy donne-t'il habitation en son Royaume, pour y viure absolument à sa volonté, sans stipuler de luy ny sujetion ny obeïssance. Quant à l'autre partie de la Souueraineté, Abraham auoit sa famille composée d'enfans & de seruiteurs. Or la nature donne au pere sur ses enfans vne autorité Royale ; & le droit des Gens donne au Ministre sur ses seruiteurs vne autorité despotique ou seigneuriale, que l'on estime communément encore plus absoluë que la Royale, & d'vn droit plus illimité & plus rigoureux. De sorte que l'estenduë grande ou petite de la domination n'estant pas de l'essence de la Souueraineté, il ne manquoit rien à ce Patriarche pour le faire Prince Souuerain. En effet il en a fait les actions. Car outre qu'il n'a rendu conte de sa conduite à personne, & qu'il a gouuerné sa famille absolument à sa volonté ; il a de sa pure autorité entrepris de faire la guerre contre des Roys, ce qui est la plus haute marque d'vne dignité absolument independante. Parce que l'vsage du glaiue enuers qui que ce soit, n'est permis sinon à celuy à qui il a esté commis de Dieu ; & que d'en vser contre ceux qui eux-mesmes sont Souuerains, c'est vne chose qui requiert vne puissance tres-eminente. Et ceux qui en cette action ne considerent Abraham que comme vne per- *Genes.* 14.

sonne priuée, mais qui n'estoit pas sujette des Roys lesquels il attaquoit, deuroient adiouter qu'il n'estoit sujet d'aucun autre, & qu'ainsi la qualité de personne absolument priuée ne luy conuient pas. Aussi y a-t'il bien de la difference entre prendre les armes pour se deffendre contre la violence d'vn Prince, duquel pourtant on n'est pas sujet : ce que la nature permet à vne personne purement priuée : & prendre les armes contre vn Prince Souuerain pour luy courir sus en l'attaquant, ainsi qu'Abraham a fait : ce qui ne conuient sinon à vne Souueraine puissance. Et c'est en cette qualité là qu'il traitte les alliances offensiues & de-
Genes. fensiues auec Escol, & Haner, & Mamré,
14. 13. qui l'assisterent en cette guerre, comme per-
24. sonnes qui ne dependoient point de la puissance d'autruy, & qui auoient vn droit absolu de disposer d'eux & de leurs familles. Car les Royautez estant lors presque toutes renfermées dans l'enceinte de chaque ville en ces quartiers là, il y auoit plusieurs peres de famille qui habitoient en la campagne en vne pleine & entiere liberté, sans reconnoistre au dessus d'eux la superiorité d'aucun Prince. Et a esté fort bien remarqué par les gens doctes, que quand par le

commandement de Dieu Abraham *se pourmena parmy le pays* de Canaan *en sa longueur & en sa largeur*; en consequence de la promesse qu'il luy faisoit *de le luy donner en heritage* il fit vn acte solemnel par lequel il s'en declara le Seigneur, pour estre tenu tel à l'auenir, comme ceux qui se pourmenent dans vn fonds pour en prendre possession, monstrent qu'ils en sont proprietaires. C'est ce qui a fait dire à Nicolaus Damascenus, au rapport de Iosephe, qu'Abraham *a regné dans la contrée de Damas.* Ce qui est confirmé en propres termes par Iustin au 36. liure de son Histoire. Or ce que i'ay dit de la dignité Sacerdotale, qu'Abraham l'auoit laissée par succession à Isaac, & Isaac à Iacob, se doit dire pareillement de la qualité de Prince, & de la dignité Royale. Tellement que ce que Iacob en a dit au chapitre 49. de la Genese, *Le sceptre ne se departira point de Iuda, ny le Legislateur d'entre ses pieds, iusques à ce que Scilo vienne*; n'est pas seulement vne prediction de ce qui deuoit aduenir, mais vne disposition de sa derniere volonté, par laquelle, comme par son testament il distribuë à sa posterité les choses qu'il auoit droit de luy laisser en heritage. Il donne donc la terre de Canaan

Genes. 13. 17.

Lege possideri § . ff. de acquir. possessione.

Ioseph. lib. 1. Antiq. c. 8.

à ses enfans en general, & leur en assigne à chacun sa portion, parce qu'elle luy appartenoit en vertu des promesses dont il estoit heritier, & qui auoient esté faites à ses peres. Il en priua pourtant en particulier Simeon & Leui, comme par forme d'exheredation, en les épardant entre ses autres enfans, pour punition de leur violence. Il assigne la dignité Royale à la Tribu de Iuda, comme vne chose qui luy appartenoit, & dont il disposoit à sa volonté. Et pour monstrer l'autorité qu'il auoit en tout cela, il adopte les enfans de Ioseph, & leur donne le droit de faire chacun vne Tribu à part, & de posseder chacun vne portion de son heritage en consequence. Tout cela comme i'ay dit en vertu du droict qui luy auoit esté laissé par son pere Isaac, lequel luy auoit transmis en le benissant tous les auantages qu'il auoit eus d'Abraham, & prononcé sur
Genes. luy ces paroles magnifiques, dans lesquelles
7. 29. le pouuoir souuerain estoit enclos : *Sois Maistre de tes freres, & que les fils de ta mere se prosternent deuant toy.* Mais ce qu'Isaac auoit alors enoncé plus obscurément, Iacob le détaille plus particulierement; selon qu'à mesure qu'on approchoit du temps de l'execution de ces promesses, Dieu vouloit qu'el

les fussent proposées d'vne façon plus intelligible. Il n'est donc pas desormais malaisé de sçauoir la raison pourquoy ces Patriarches sont appellez de ce nom *d'Oincts de l'Eternel*; parce qu outre ce qu'ils estoient Prophetes, & que les Prophetes ont esté quelquefois installez en leur charge par le moyen de l'onction, ils estoient aussi Sacrificateurs, & auoient le droit de Princes Souuerains ou de Roys, personnes que l'on sacra depuis ordinairement par la mesme ceremonie. Car ce n'est pas à dire que les Patriarches ayent esté oincts effectiuement par l'effusion de quelque huile corporelle sur leurs personnes, comme il se pratiqua depuis: mais c'est qu'ayant la chose mesme pour laquelle l'onction se pratiqua dans les siecles suiuans, ils sont ainsi nommez par cette figure qu'on appelle *anticipation*, comme le Tabernacle est quelquefois appellé de ce nom de Temple, d'autant qu'il auoit le mesme vsage & la mesme majesté que le Temple possеda quelque temps apres. Ou bien c'est par cette autre figure si familiere en l'Ecriture, quand les choses qui precedent sont mises pour celles qui suiuent, parce que l'onction auoit accoustumé d aller deuant l'installation à la Sacrificature & à la Royauté. Ainsi est nostre Seigneur appellé *le premier né de toute creature*, pour dire qu'il en est le Seigneur & le Dominateur, parce que la primogeniture donnoit ce droit de posseder & de gouuerner comme Seigneur l'heritage paternel. Ou bien en fin, si vous le voulez ainsi, ce sera par cette autre figure si commune & si ordinaire, quand le signe est mis pour la chose mesme: parce que l'onction estoit vne marque exterieure de la vocation à ces dignitez. Tout cela ainsi posé il nous reste à voir comment Dieu a deffendu à ceux parmy lesquels les Patriarches ont habité, de leur toucher ny de leur méfaire : pourquoy le Prophete nous rapporte cette defense dans les termes dont il se sert ; & enfin quelles sont les raisons pour lesquelles Dieu en a vsé de la sorte.

Pour le premier, i'ay desia remarqué que Dieu auoit employé vne singuliere prouidence pour empescher qu'on ne fist aucun outrage à ces saints personnages-là. Il frappa de grandes playes Pharao & toute sa
Genes. 12. 17. maison, parce qu'il auoit enleué la femme d'Abraham. Il donna succés à l'entreprise
Genes 14. de ce Patriarche contre Kedorlahomer & les autres Roys, & luy en fit remporter vne

glorieuse victoire. Il enclina le cœur d'A-
bimelec Roy de Guerar à donner sauue- *Genes.*
garde à Isaac & à toute sa famille, & à de- 26. 11.
fendre qu'on ne leur touchast, sur peine
de mort. Il garantit Iacob des entreprises
d'Esaü, & tourna les mauuaises pensées de *Genes.*
ce violent en bienveillance pour son frere. 27. &
Il épandit sa frayeur sur toutes les villes des 28. &
enuirons de Sichem pour les empescher de 29. & 33.
prendre vengeance de l'action de Simeon
& de Leui, & en toutes autres occasions il *Genes.*
le couurit de sa protection, comme d'vn 35. 9.
bouclier impenetrable. Or est-il bien cer-
tain que cela monstre qu'il auoit leur con-
seruation merueilleusement à cœur, & qu'-
encores qu'ils ayent passé par diuerses tri-
bulations, si est-ce qu'il a voulu faire paroi-
stre en cela que leurs personnes estoient
sacrées. Mais autre chose est la protection
qu'il leur a fait éprouuer de fait, & autres
choses les defenses expresses qu'il a faites
de leur toucher, & par lesquelles il a voulu
faire clairement paroistre que de droit ils
deuoient estre respectez par toutes sortes
de personnes, de maniere qu'il n'y eust
aucun qui fust si osé que de rien entre-
prendre contre eux. C'est pourquoy ie ne
doute pas qu'encore que Dauid ait regar-

dé generalement à toute cette conduite de la prouidence de Dieu qui les a garantis de tous maux, il n ait fait vne particuliere reflexion sur deux endroits de leur histoire. L'vn est au 20. de la Genese, où Dieu apparut en songe à Abimelec Roy de Guerar, & le menaça de mort, auec tout ce qui estoit à luy, s'il ne rendoit la femme à Abraham, *parce qu'il estoit Prophete*. Car faisant expresse mention de la qualité de Prophete, il veut qu Abimelec le considere & le respecte en cet égard; & ne se contentant pas de le menacer de mort, luy qui estoit Roy, mais luy denonçant encore que s'il outrage son Prophete, il enueloppera tout ce qui est à luy dans vne mesme condemnation, il luy veut faire entendre que l'iniure faite à vn Prophete croissant à proportion de sa dignité, elle merite vne punition extraordinairement exemplaire. L'antre est au 31. du mesme liure, où Dieu apparut pareillement en songe à Laban Aramien, qui poursuiuoit Iacob, parce que Rachel luy auoit dérobé ses Dieux, & luy dit : *Donne-toy garde de venir à parler auec Iacob de bien en mal*; par où il luy defendoit non seulement la violence des actions, mais mesmes l'irreuerence des paroles. Et neantmoins Laban estoit beaupere de Iacob, en quoy il sembloit auoir quelque autorité sur luy; & quant au fait dont il s'agissoit, bien qu'il eust esté commis par Rachel au desceu de son mary, si est-ce que Iacob estoit en quelque sorte responsable des actions de sa femme & de sa famille. Il ne faut donc pas douter que ce ne soit à cela particulierement que Dauid a regardé, quand il a ainsi rapporté ces paroles de l'Eternel, *Ne touchez point à mes Oincts, & ne faites point de mal à mes Prophetes.* Mais cette façon de les rapporter merite qu'on la considere.

Dans le propos precedent Dauid auoit ainsi parlé. *Il s'est souuenu de ce qu'il a traitté auec Abraham, Disant; ie te donneray le pays de Canaan.* Icy il continuë ainsi. *Il n'a pas souffert qu'aucun les outrageast: mesmes il a chastié les Roys pour l'amour d'eux. Ne touchez point à mes Oincts:* sans adiouster le mot *Disant*, qui sembloit aucunement necessaire pour la plenitude de la sentence. Cela, ce semble, ne peut venir que de l'vne de ces deux causes. Ou bien il nous a voulu donner à entendre qu'il falloit repeter ce mot *Disant*, des versets immediatement precedens, comme on a accoustuné de faire en choses semblables : & la plusspart des Interpretes le suppleent ainsi : Ou bien il ne l'a pas voulu employer disertement, parce qu'au passage precedent, il rapporte les propres paroles que Dieu mesme auoit prononcées, comme elles se trouuent au 13. & au 17. de la Genese ; en celuy-cy il n'allegue pas le texte formel, cette sentence ne se trouuant point en autant de mots en l'histoire des Patriarches. Tellement qu'il nous auroit laissé à suppleer ces paroles. *Comme s'il auoit dit* ; pour continuer ainsi ; *Ne touchez point à mes Oincts*. De quelque sorte qu'on le prenne, la chose reuient tout à vn. Car ou bien il veut dire qu'effectiuement Dieu a prononcé ces paroles là, quoy qu'il ne soit pas ainsi precisément rapporté ; ou bien que si Dieu ne les a pas prononcées, la conduite de sa prouidence, & la façon dont il a parlé dans ces apparitions, equipolle à vne ouuerte prononciation de cette senteuce ; de sorte qu'il en faut tirer vn tout pareil enseignement que si Dieu mesme auoit proferé cet oracle de sa propre bouche. Or est cette façon de s'enoncer, en introduisant Dieu parlant, & non tant par forme de commandement, que de defense & de prohibition

ibition, d'vne merueilleuse emphase en la ouche d'vn tel Prophete. Car l'autorité de Dieu estant absolument souueraine, elle oblige toute personne, de quelque qualité qu'elle soit, à l'execution du commandement. Et le commandement n'estant pas affirmatif, comme on parle communément, c'est à dire, ne consistant pas en l'iniônction de faire quoy que ce puisse estre; mais estant negatif, c'est à dire, consistant en la prohibition de faire ce qu'il ne faut pas, il oblige ceux à qui il est addressé, d'vne obligation qui a sa vigueur en tous lieux, & en tous temps, sans limitation, & sans reserue. Les commandemẽs affirmatifs souffrent quelques fois des exceptions par la necessité des choses. On ne peut pas, pour exemple, honorer son pere & sa mere, ny en tous lieux, ny en tous temps, ny en toutes occasions: parce qu'ou bien on n'en a plus, ou si on en a, ils ne sont pas en lieu où nous leur puissions rendre nos deuoirs; ou s'ils y sont, l'occasion est telle & si vrgente pour le seruice de Dieu, ou pour le seruice du Roy, & la conseruation du pays, que nous sommes necessitez à quelque desobeïssance. Mais quant aux commandemens negatifs, comme de n'auoir point d'autre Dieu que le vray, de ne commettre point d'adultere, & semblables, ils ne souffrent aucune restriction de cette nature. De sorte que ceux à qui cet oracle a esté prononcé, *Ne touchez point à mes Oincts*, ou qui de la conduite de la Prouidence de Dieu, & de la declaration qu'il leur faisoit qu'Abraham, & Isaac, & Iacob estoient ses Oincts & ses Prophetes, ont deu tirer cet enseignement, & le respecter auec autant de veneration, que si c'eust esté vn expres commandemẽt de Dieu, & vn oracle de sa bouche, ont deu tenir à cette occasion les personnes des Patriarches pour absolument inuiolables. Et la seule autorité du commandement deuoit suffire à cela, à cause de la souueraine majesté de Dieu, quand ils n'auroient point sceu particulierement les raisons pourquoy il le commandoit de la sorte. Il importe pourtant de les examiner bien soigneusement. Car encore qu'il semble desormais assez clair, que Dieu ayant par l'autorité de ce commandement rendu sacrées les personnes de ces trois Prophetes, Sacrificateurs, & Princes souuerains, il a voulu qu'on etendist cela vniuersellement à tous les autres en qui ces qualitez & ces dignitez se rencontreroient, si est ce que l'explication particuliere de ces raisons l'eclaircira beaucoup d'auantage.

Ces raisons donques sont indubitablement contenuës dans ces tiltres *d'Oincts* & de *Prophetes de l'Eternel.* Car comme en ce commandement, *Honore ton pere & ta mere*; Dieu a enclos les causes de l'honneur & de l'obeïssance que chacun doit à ceux qui l'ont engendré, dans ces termes de pere & de mere, & dans cette consideration, que ce sont eux qui l'ont engendré: & comme dans cette defense, *Tu ne mediras point du Prince de ton peuple*, il a pareillement compris dans la dignité du Prince du peuple, la raison de sa volonté: ainsi quand il a dit, *Ne touchez point à mes Oincts, & ne faites point de mal à mes Prophetes*, il a voulu donner à entendre que la cause pour laquelle il les rend inuiolables, est en cette qualité. L'onction, comme i'ay desia dit, estoit commune aux Rois, aux Souuerains sacrificateurs, & aux Prophetes. Car encore que les Prophetes ayent esté oints beaucoup moins ordinairement que les Sacrificateurs & les Rois, si en auons nous vn exemple en Elisée, 1. *Rois* 19.16.

qu'Elie consacre de la sorte par le commandement de Dieu; & ces paroles, *l'Es-*
Esa.61 *prit de l'Eternel est sur moy; dont il m'a oint,*
1. contiennent vne manifeste allusion à cette coutume. Ainsi les oints de l'Eternel sont ceux qui sont appellez de Dieu à ces charges. Ie ne m'arresteray pas à philosopher sur la nature de l'huile, ny sur les diuerses significations que cette ceremonie pouuoit auoir. Ie diray seulement que c'estoit vne consecration par laquelle Dieu établissoit & ordonnoit ces trois sortes de personnes, à faire certaines fonctions auec vne autorité souueraine, chacune à son égard. Et pour commencer par la charge des Prophetes, elle consistoit en ce que Dieu les enuoyoit immediatement & extraordinairement comme des Ambassadeurs, pour declarer aux hommes ses volontez, de quelque nature qu'elles fussent. Mais leur principale fonction, apres la prediction des choses à venir, & principalement de celles qui concernoient la manifestation de Iesus-Christ, consistoit à redarguer les vices des hommes, & à rappeller & la Police & la Religion à leurs principes, quand elles s'estoient corrompues, en quoy lors que la necessité le requeroit,

ils n'épargnoient n'y les Sacrificateurs ny les Roys. Or est-il bien vray que le Conseil des Septante, que Moyse auoit establi, & qui s'est quasi tousiours maintenu en Israël, s'attribuoit l'autorité de iuger de la vocation des Prophetes. Et cela estoit fondé sur ce que Dieu auoit commandé que si quelqu'vn auoit entrepris de porter quelque parole en son Nom, sans qu'il le luy eust ordonné, il fust exterminé d'entre le peuple. Car pour le condamner à la mort, comme la Loy le portoit, il falloit prendre connoissance de luy & de son action, & le iugement en appartenoit à ce Conseil des Septante. Mais cela n'auoit lieu sinon lors que les marques de la Mission d'vn Prophete estoient suspectes ou douteuses, ou que quelque euenement contraire aux predictions qu'il auoit faites, les auoit conuaincuës de faux. Quand les enseignes de la vocation d'vn Prophete estoient si éclatantes qu'elles la prouuoient sans autre examen, comme cela estoit ordinaire dans les vrays; ou quand apres les auoir examinées on les trouuoit indubitables, comme cela estoit necessaire lors que la vocation estoit de Dieu, alors le Prophete n'estoit plus iusticiable ny de ce Conseil, ny d'au-

Deut. 18. 20.

cune autre puissance. La raison en est, qu'estans Ambassadeurs de Dieu, ils deuoient auoir au moins autant de priuilege que les Ambassadeurs des Princes de la terre, dont les personnes sont tenuës pour saintes par le droict des Gens; & qu'estans establis de par Dieu dans vne telle Commission, c'eust esté vn attentat à la Majesté de celuy qui les employoit, que de leur empescher les fonctions qui dépendoient de la seule disposition de leur maistre. Car il y a vne grande differēce entre les Pasteurs ordinaires, dont la vocation est mediate, & cōferée par l'entremise d'autres Ministres de mesme rang; & les Pasteurs extraordinaires, que le Seigneur de l'Eglise enuoye immediatemēt. Si l'on arreste l'exercice du ministere de ceux là par la prison, par la deposition, ou par la mort; ny la majesté de Dieu n'y demeure point interessée, parce qu'à ceux à qui il a donné la puissance de les establir, il a donné celle de les destituer pareillement, de sorte que leur establissement & leur déposition se trouue tousiours faite par son ordre: ny son seruice n'en souffre point d'irremediable detriment, parce que ceux qui les destituent, ont le pouuoir de les remplacer, & de suppléer au defaut de leurs fonctions,

par le ministere de quelques autres. Mais quant à ceux-cy, on ne les peut empescher dans l'exercice de leurs charges, sans choquer la Majesté de celuy qui les a establis, d'autant qu'il n'en a point donné le commandement; & sans preiudicier au seruice qu'il tiroit d'eux, d'autant qu'on n'a pas le pouuoir d'en mettre d'autres en leur place. Voila pourquoy ie les ay nommément appellez Ambassadeurs, parce que les Ambassadeurs sont immediatement enuoyez de leurs Princes, & qu'ils ne tirent point leur vocation d'ailleurs. Car ce tiltre ne conuient pas à tous le ministres de la parole de Dieu également, & quand S. Paul se nomme ainsi, luy di-je, & ses compagnons 2. Cor. 5. 20.
en l'Apostolat, il se considere & eux aussi, non pas comme Ministres ordinaires de Iesus Christ, mais comme Apostres immediatement enuoyez de luy, ainsi que Dieu auoit autrefois enuoyé ses saints Prophetes. Or ceux qui ont cet auantage là, ne dependent point d'autre puissance que de celle de leur Maistre. Ce n'est pas qu'il ne soit quelques fois arriué aux Prophetes d'estre maltraittez ou par la fureur du peuple, comme quand Zacharie fut tué au paruis de la Maison de l'Eternel; ou par l'iniustice du Con- 2. Chr. 24. 21

seil, comme quand Ieremie fut battu & mis
Jerem. 37. 15. en prison, en danger d'estre fait mourir:
ou par la tyrannie des Roys, comme quand
3. Rois 19. 10. Achab & Iesabel mirent à mort tout ce qu'il
y en auoit en Israël, excepté Elie. Et il n'y en a que trop d'autres exemples. Mais cela s'est fait de la mesme façon que les Independans ont fait mourir leur Roy; c'est à dire, par vn attentat odieux à Dieu & aux hommes. Quand le peuple a esté en son bon sens, quand il est resté quelque ombre de iustice & d'équité dans le Conseil, quand les Roys ont conserué quelque veine de pieté, ils ont eu ces *hommes de Dieu*, & ces *seruiteurs de l'Eternel* en reuerence.

Pour ce qui est des Souuerains Sacrificateurs, leur charge estoit beaucoup dissemblable de celle des Prophetes: mais elle n'estoit pas moins auguste ny moins venerable pourtant, si elle ne l'estoit en quelque sorte d'auantage: quoy qu'il est mal aisé de comparer la diuersité des degrez de dignité entre des charges de nature si differentes. Leurs fonctions estoient diuerses, mais il y en auoit deux principales, l'vne estoit de faire propitiation des pechez du peuple, tant par l'oblation des sacrifices anniuersaires, que par l'entrée dans le Saint des Saints, & par l'aspersion du sang de la victime deuant le Propitiatoire. Honneur qui ne pouuoit estre conferé que par la vocation de Dieu, comme l'Apostre l'enseigne en l'Epistre aux Hebrieux. L'autre estoit de ceindre l'Ephod, afin de receuoir les oracles de Dieu, dans les choses difficiles, & les declarer aux fidelles : ce qui tenoit beaucoup de la Prophetie. C'est pourquoy S. Iean rapportant que Caïphe auoit dit à l'occasion de Iesus, *qu'il estoit expedient qu'vn homme mourust pour le peuple,* adiouste qu'estant le Souuerain Sacrificateur de cette année là, il auoit prophetisé que Iesus deuoit mourir pour la nation. Par ce que du temps que toutes choses estoient en leur entier en Israël, il arriuoit souuent aux Souuerains Sacrificateurs de receuoir des illuminations de l'Esprit de Prophetie; & qu'en cette grande corruption qu'on y voyoit alors, cette parole que Caïphe auoit prononcée pour vne mauuaise intention, auoit neantmoins vne application si excellente, qu'il y paroissoit quelque chose d'extraordinaire, & qui procedoit d'vne conduite si reconnoissable de la Prouidence de Dieu, qu'il sembloit que cela fust venu de sa seule inspiration. Il y

Heb. 5. 4.

Iean 11. 51.

a eu vne troisiesme fonction du Souuerain Sacrificateur, de laquelle tout le monde n'est pas d'accord si elle estoit absolument de sa charge, c'est d'estre Chef de ce Conseil qu'on appelloit Sanhedrin, qui auoit puissance de vie & de mort sur les hommes, lors que la Republique d'Israël se gouuernoit Aristocratiquement, & qui retint encore beaucoup d'autorité sous la domination des Roys. Car il y a quelques gens sçauans qui croyent que le Chef de ce Conseil estoit electif, comme les autres Senateurs, & que le Souuerain Pontife ne venoit pas à cette dignité en vertu de son Sacerdoce. Neantmoins il est constant que sur le declin de l'Estat des Iuifs, les Souuerains Sacrificateurs tinrent cette place si ordinairement qu'à peine sçauroit-on produire d'exemple qu'aucun autre y ait esté appellé, & l'histoire de l'Euangile & des Actes nous en parle comme d'vne chose passée en coutume inuariable, d'où qu'en vint l'établissement. Et Iustin a tenu cela pour si constant, qu'il n'a pas fait difficulté de donner le tiltre de Roys aux Souuerains Sacrificateurs, & de dire qu'entre les Iuifs les Roys & les Souuerains Sacrificateurs ont tousiours esté mesmes personnes.

Iustin hist. lib. 36.

Pour ce qui est du temps de la creation de ce Conseil, & des siecles qui suiuirent immediatement, est il vray-semblable qu'il y ait eu quelqu'vn qui y ait esté preferé à Aaron & à ses descendans ? Car quelles personnes estoient alors plus considerables en vertu & en dignité qu'eux, sinon Moyse & Iosué, & les Iuges qui ont esté suscitez miraculeusement depuis, & qui tenoient vne Magistrature non ordinaire, mais extraordinaire parmy le peuple ? Et si ce que les Iuifs disent est vray, qu'en suitte de ce que Dieu departit vne notable portion de l'Esprit & de la sapience de Moyse, à ces premiers Septante Anciens dont le Sanhedrin fut composé au desert, ceux qui vinrent depuis à estre incorporez dans ce Conseil, furent souuent reuestus de quelques graces extraordinaires & comme miraculeuses, pour faire dignement leurs fonctions de Senateurs, il y a toute apparence qu'ils deuoient plustost auoir pour Chef celuy à qui il appartenoit de ceindre le Pectoral, qui mesme estoit appellé le Pectoral de Iugement, & de prophetiser par ce moyen là, qu'vn autre qui n'eust pas esté qualifié de la façon, ny honoré d'vne telle prerogatiue. I'estime donc

que de droit le grand Sacrificateur estoit Chef du Conseil souuerain, & que son Pontificat luy donnoit cet auantage en la Republique. Tellement que s'il est quelques fois arriué que quelqu'autre s'en soit preualu, c'a esté par vsurpation, ou par l'autorité soit des Roys, soit de ceux qui se sont attribué vne puissance égale à la Royale en Israël, ou par quelqu'autre telle occasion, qui n'a point deu preiudicier au droit acquis au Souuerain Sacrificateur par sa dignité Pontificale. C'est pourquoy S. Paul ayant appris qu'
Act. 23. 5. Ananias, qui auoit commandé qu'on luy donnast vn soufflet, estoit Souuerain Sacrificateur, il se repentit de l'auoir iniurié, par ce qu'il estoit defendu *de médire du Prince de son peuple*; comme si ce tiltre de Prince du peuple, & celuy du Souuerain Sacrificateur, eussent esté, comme on parle, equipollens & reciproques. Or que cette dignité rendist les Souuerains Sacrificateurs inuiolables aux personnes particulieres, c'est chose absolument hors de doute. Car s'il estoit defendu de blesser leur reputation par detractions, & de les deshonnorer par quelque outrage de paroles, combien l'estoit-il en plus fors ter-

mes d'attenter à leurs personnes par quelques mauuaises actions ? Et que tandis que la Republique d'Israel a esté gouuernée par l'autorité de ce Conseil Souuerain que l'on appelloit Sanhedrin, le grand Pontife ait esté exempt de sa iurisdiction, soit pour ce qui regardoit la possession de sa dignité, ou pour la seureté de sa personne & de sa vie, c'est encore chose qu'il est aisé de iustifier par la pratique & par la raison. Par la pratique premierement. Car on a la liste & l'histoire de tous les Souuerains Sacrificateurs depuis Aaron iusques à quelque temps apres l'Ascension de nostre Seigneur. Or il ne se trouuera point que iamais ce Conseil Souuerain ait entrepris d'en déposer aucun de sa charge, ny de luy faire rendre conte de ses actions, quoy que l'Estat ait passé par diuers changemens, & que les grands Pontifes se soyent aussi bien laissé corrompre que les autres principaux du peuple. De sorte que la pratique perpetuelle & sans aucune variation, aussi bien icy que par tout ailleurs, doit estre tenue pour loy, ou pour vn excellent interprete du droict & de la loy, quand il y auroit d'ailleurs quelque ambiguité en sa matiere ou en ses termes. La raison aussi.

Car dans les Senats qui ſont compoſez de perſonnes abſolument de meſme rang, on en reſpecte beaucoup le chef à la verité, comme quand il eſt queſtion d'vn Recteur dans vn Conſeil, ou d'vn premier Preſident dans vn Parlement, & l'on ne vient iamais à luy faire ſon procez, ſinon en des extremitez tout à fait extraordinaires. Mais là où le chef d'vn Conſeil eſt d'vn ordre entierement different des Conſeillers, quoy qu'on limite ſa puiſſance, en ne permettant pas qu'il ſe faſſe rien ſinon à la pluralité des voix, on n'en vient iamais là que d'entreprendre de luy oſter ſa qualité, ou de mettre en compromis la ſeureté de ſa perſonne. En effect il eſt contre l'ordre naturel de la iuſtice, que les inferieurs iugent de leurs ſuperieurs, & qu'vne plus haute dignité s'abbaiſſe deuant vne moindre. Or eſt-il certain que le Souuerain Sacrificateur n'eſtoit point de l'Ordre des Senateurs du Sanhedrin, & que ſon onction l'eſleuoit au deſſus de la portée de la puiſſance des autres. Et cela paroiſtra clairement ſi vous examinez chacune de ſes fonctions l'vne apres l'autre. Car pour commencer par la premiere, il n'y a rien qui marque plus la ſinguliarité d'vne chare, que celle de ses fonctions. N'y ayant onc que le grand Sacrificateur qui peust aire propitiation pour le peuple, ny entrer our cet effect dans le Saint des Saincts, on sacerdoce deuoit estre estimé singulier, quand le Conseil eust esté tout composé e Sacrificateurs, ils n'eussent pas eu le ouuoir de iuger de leur Pontife. En effet ous les Souuerains Sacrificateurs ont esté e pareille dignité qu'Aaron. Or qui eust ntrepris sur la dignité & sur la personne 'Aaron, eust sans doute commis sacrilege. ncore qu'Aaron ait esté appellé au Pontificat par l'expres commandement de ieu, & que ses successeurs n'y soient venus sinon en vertu de la Loy que Dieu en auoit establie, si est-ce que l'Apostre disant *que nul ne s'attribue cet honneur, mais que celuy là en ioüit qui est appellé de Dieu, comme Aaron*, ou bien il dit qu'aucun des successeurs d'Aaron n'a esté Souuerain Sacrificateur, ou bien il egale leur vocation à celle de ce premier modelle de leur sacerdoce. Estans donc establis de par Dieu, comme Aaron l'auoit esté, ils n'ont peu estre destitués sinon par Dieu, ou par celuy à qui Dieu a communiqué quelque vsage extraordinaire de sa puissance. Quāt

Hebr. 5. 4.

à la seconde de ces fonctions, elle ne tiroit pas moins clairement le Souuerain Sacrificateur hors du pair de tous les autres soit Prestres, soit Conseillers de la Nation, en le mettant en quelque façon au rang des Prophetes. Car il n'y auoit que luy qui eust le droict de mettre l'Ephod, & de prophetiser par Vrim & par Thummim, ce qui l'éleuoit bien loing au dessus des autres hommes. Et comme i'ay dit des Prophetes qu'ils deuoient estre considerez comme Ambassadeurs du Dieu Souuerain, ausquels il n'estoit pas permis de toucher, les Souuerains Sacrificateurs faisans en cet égard la mesme fonction, & possedans à peu prés la mesme dignité, ont deu pareillement iouïr de la mesme prerogatiue. En fin, pour ce qui est de la troisiesme, il auoit bien cela commun auec les autres Senateurs, qu'il composoit auec eux le Conseil entre les mains de qui estoit la vie & la mort des hommes. Mais i'ay desia dit que l'apparence est toute claire qu'il auoit cela de particulier, qu'il venoit à cette puissance par succession, selon la loy que Dieu en auoit establie; au lieu que les autres Senateurs y venoient par election, ou, quoy qu'il en soit, de quelque autre façon moins auguste

auguste & moins authentique. Or les Souueraines Magistratures ausquelles on vient par succession, & par la force d'vne loy fondamentale à l'Estat, ont vne tout autre Maiesté, & sont fondées en tout autres droits, que celles ausquelles on est appellé par d'autres moyens, principalement si la Loy est clairement d'institution diuine. Il est vray que dans le Traitté du Sanhedrin les Iuifs disent que *le faux Prophete, & le grand Sacrificateur, ne peuuent estre iugez sinon par le Conseil des Septante.* Et ailleurs, dans le mesme Traitté, il est dit, que *le grand Sacrificateur iuge & est iugé, au lieu que le Roy ny ne iuge, ny n'est iugé.* Mais quel cas il faut faire de ces gens, il en appert assez par ce qu'on ne void point que le Conseil, à qui ils donnent cette puissance, ait iamais entrepris de connoistre de la vie ou de la charge des Souuerains Sacrificateurs; & on void que les Roys, à qui ils ostent cette autorité, s'en sont attribué le pouuoir, & l'ont mis en pratique aux occasions. Et derechef il en appert par ce qu'ils ostent aux Roys la fonction de iuger; quoy que le peuple eust demandé vn Roy *pour les iuger*; que Salomon demande à Dieu sapience *pour faire iugement*, & que Saül & Dauid,

Sanh. cap. 1. §. 5.

Ibid. cap. 2. § 1. & 2.

& generalement tous les Roys du peuple de Dieu, ont exercé vne iudicature absolument souueraine. Ie sçay bien qu'ils apportent à cela quelques restrictions & quelques interpretations, mais qui sont pour la plusspart ou tres fausses, ou tres friuoles. Si le Sanhedrin a iugé du Souuerain Sacrificateur auant l'établissement des Roys, c'a esté comme il a pris cognoissance de la vocation des Prophetes. C'est à dire, qu'en la contestation entre deux qui pretendoient au Souuerain Sacerdoce, il a prononcé à qui cette dignité appartenoit selon la Loy. Cela vne fois reglé, l'onction du Pontificat a mis celuy qui l'a obtenu, au dessus de la iurisdiction de ce Conseil & de tout autre. Si depuis l'introduction de la puissance des Roys le Sanhedrin a iugé du Souuerain Sacrificateur établi, soit pour le déposseder de sa dignité, ou pour luy oster la vie, (de quoy i'estime neantmoins qu'il n'y a trace quelconque en l'histoire de la nation des Iuifs) il faut que ce droit luy soit venu de l'attribution qui luy en a esté faite par les Roys, & de quelque commission extraordinaire. Car il n'y a eu, comme nous allons voir, que les Roys qui peussent auoir cette puissance.

Reste donc la consideration de la Royauté, dont les fonctions ont concerné principalement trois choses, dans lesquelles si nous pouuons monstrer que la dignité en ait excellé par dessus celle des Prophetes & des Souuerains Sacrificateurs, il sera clair comme le iour que leurs personnes ont esté tenuës pour absolument sacrosainctes. Or cela se peut aisément prouuer, en partie par les tiltres qui leur sont donnez; en partie par la façon de laquelle ils ont agi reciproquement; en partie & principalement par l'examen particulier des fonctions esquelles la charge de la Royauté consiste. Pour ce qui est des tiltres qui leur sont dōnez, la ceremonie de l'onction a esté pratiquée enuers quelques Prophetes. Neantmoins il ne se trouue aucun endroit où vn homme qui n'ait esté que Prophete seulement, soit appellé *l'Oinct de l'Eternel*; quoy qu'en cet ordre des seruiteurs de Dieu, il y en ait eu quelques vns qui ont esté des types tres excellens du vray Oinct de l'Eternel, qui est le Sauueur du monde. La mesme onction a esté pratiquée vniuersellement enuers tous les Souuerains Sacrificateurs; & toutesfois il n'y a point ou il y a tres peu de lieux où ce tiltre *d'Oincts de l'Eternel*, leur soit donné; quoy que le Sacerdoce d'Aaron estant de luy mesme representatif de celuy de Iesi Christ, generalement tous ceux qui l'ont possedé ont eu l'honneur d'estre ses Figures. Au lieu qu'il y a trente endroits ou cette qualité est donnée aux Roys, & cela auec tant d'emphase que *l'Oinct de l'Eternel*, & *l Roy*, *le Roy*, & *l'Oinct de l'Eternel* se prennen l'vn pour l'autre indifferemment, & comme si c'estoit exclusiuement à tout autre Pourquoy cela si ce n'est pour monstre l'excellence de l'onction des Roys par dessus celle des Prophetes & des Sacrificateurs, & par consequent l'eminence de leu dignité & de leur charge sur celle des autres? Encore est souuerainement considerable ce passage du chapitre deuxiesme d premier liure de Samuel, où Dieu par l ministere d'vn sien Prophete, parle ainsi au souuerain Pontife Heli, *Ie m'establiray v Sacrificateur asseuré, il fera selon ce qui est e mon cœur, & selon mon ame; & ie luy edifiera vne maison asseurée; & il cheminera à tousiours deuant mon Oinct*. C'est vn Prophet qui prophetise au nom de Dieu, & qui parle d'vn Souueran Sacrificateur. Et toutesfois il ne prend point la qualité d'Oinct de l'Eternel: il ne la donne point au Souuerain Sacrificateur: il la donne seulemẽt au Roy, & encore sans le remarquer autrement que par cette appellation, comme s'il n'y eust point eu d'autre nom pour le designer. Qui ne void qu'en la comparaison de ces diuerses sortes d'onctions, la splendeur de celle des Rois efface le lustre des autres? Leurs deportemens reciproques ne monstrent pas moins leur inegalité. Les Prophetes parlent aux Roys auec liberté, par ce que c'est au Nom de l'Eternel, leur commun Roy, & leur commun Maistre. Les Roys reçoiuent leurs aduertissemens auec respect, parce qu'ils auoient le caractere d'Ambassadeurs de Dieu Souuerain, à qui ils deuoient obeyssance. Les grands Sacrificateurs iugent de la lepre des Roys, & declarent qu'à cause d'elle ils doiuent estre sequestrés de la congregation d'Israël. Les Roys obtemperent en telles choses à leur iugement, d'autant que la Loy de Dieu, qui l'ordonnoit ainsi tres expressement, ne mettoit point de distinction entre les Roys & les personnes priuées. Mais hors les fonctions de leurs charges, où les Prophetes & les Sacrificateurs reuestoient l'autorité de l'Eternel, ils se comportoient enuers les Roys auec vne soumission profonde. Dauid estoit Prophete, & designé par l'onction pour estre Roy : & neantmoins il appelle *Saül son Seigneur.* Abimelec estoit Souuerain Sacrificateur, & consacré à Dieu par son onction pareillement; & toutesfois il s'appelle *le Seruiteur de Saül*, comme faisoit le moindre du peuple. Et les Iuifs mesmes, pour monstrer la preéminence des Roys par dessus les Prophetes & les Souuerains Sacrificateurs, ont obserué que lors que Nathan le Prophete s'approchoit de la personne de Dauid, il se pro[illegible]rnoit en terre en signe de veneratiõ; & que quand le Roy venoit au Temple, au lieu où le grand Pontife estoit assis, le Pontife luy cedoit sa place & se tenoit debout deuant luy. Mais rien ne monstre si clairement cette Souueraine eminence des Roys, que leurs fonctions, & l'autorité auec laquelle ils les ont exercées. La premiere doncque de leurs fonctions estoit de iuger Israel. Car quand ce peuple s'ennuya de son ancien gouuernement, il dit à Samuël ; *Maintenant estably sur nous vn Roy pour nous iuger à la façon de toutes les Nations.* Et de fait çà tousiours esté la premiere partie de la charge des Monarques.

1. Sam. 24. 11.

1. Sam. 22. 15.

1. Rois 1. 24. 24.

1. Sam. 8. 5.

Parce qu'ils sont ordonnez pour la conseruation & pour la conduite de la societé sur laquelle ils sont establis. Or la societé ne se peut ny conduire ny conseruer sans la Iustice, qui en est le lien & le ciment: & la Iustice ne se peut entretenir sans les iugemens; ny les iugemens s'exercer sans les Iuges & les Magistrats Souuerains qui les administrent. Cependant il y a de deux sortes de Magistrats qui iugent Souuerainement. Car les vns sont plus estreints à iuger exactement selon les loix: les autres ont vne puissance plus libre & plus indeterminée. De cette premiere sorte estoit la Magistrature de ce Conseil qu'on appelloit le Sanhedrin, des iugemens duquel il n'y auoit ny appel ny éuocation à aucune autre puissance. Mais il auoit ses loix par écrit, ausquelles il falloit qu'il conformast ses iugemens le plus rigoureusement qu'il pouuoit en toutes occurrences. De cette seconde sorte estoient les Roys de l'Orient, sur le type desquels la Nation d'Israël a voulu qu'on en establist vn au milieu d'elle. Car à la verité ils ne iugeoient pas absolument sans loix; (quoy que Iustin dit qu'au commencement la volonté des Roys estoit pour toute loy aux peuples de *Iustin. lib. 1.*

ces regions Orientales) mais parce qu'ils faisoient les loix, c'estoit à eux à les changer quand elles ne se trouuoient pas vtiles, & à les expliquer quand elles se trouuoient ambiguës, & à suppléer à leur defaut par ce qu'on appelle equité, & à prononcer auec vne Souueraine & absolue autorité sur les faits particuliers où il n'y auoit point de loix establies. Il est bien vray qu'il n'y eut iamais de Republique dont les loix ayent esté plus exactement décrites que celle du peuple d'Israël. Et parce que c'estoit Dieu mesme qui les luy auoit données, la majesté en deuoit estre singulierement venerable, & au peuple, & aux Souuerains Sacrificateurs, & aux Roys. Aussi depuis que la Republique eut changé de forme de gouuernement, le Conseil du Sanhedrin ne laissa pas de subsister sous la domination des Roys, pour iuger de toutes les choses clairement determinées par les loix que Dieu auoit ordondées par le ministere de Moyse. C'est pourquoy Iosaphat redressant aussi bien l'ordre Politique que l'Ecclesiastique, qui s'estoient merueilleusement abastardis, & restablissant des Iuges dans les villes du pays, il leur dit : *Qu'ils n'exerçoient pas la Iudicature de par vn hom-*

2. Chro. 19. 6.

me, mais de par l'Eternel, qui estoit parmy eux en iugement. Parce qu'il les establissoit au nom de Dieu, luy qui estoit son premier Ministre; & selon la volonté de Dieu, qui auoit ordonné que la iustice fust administrée parmy son peuple; & enfin pour iuger selon les loix de Dieu, dont il auoit donné vne description tres-exacte, & tres-accommodée presque à toutes les choses particulieres; de sorte qu'en la decision de la beaucoup plus grande part des causes qui s'y presentoient, c'estoit Dieu mesme qui parloit. Mais neantmoins, que les Roys du peuple d'Israel eussent vne grande puissance en cet égard à la façon des autres Rois, il en appert manifestement par leur histoire. Dauid, sur le faux rapport qui luy est fait de la rebellion de Mephiboscet, 2. Sam. 16. 4.
confisque vniuersellement tous ses biens, & en donne la confiscation au delateur. C'est vn acte de Souuerain, qui ne renuoye point Mephibosçet à ses Iuges ordinaires. Informé qu'il est de la verité du fait, il restitue à Mephibosçet la moitié de ses possessions, & laisse l'autre au delateur, à qui il les auoit toutes données. Cet acte marquoit encore dauantage la souueraineté de son autorité, par laquelle il ostoit a vn

homme vne partie de ce qu'il luy auoit donné, ne rendoit pas à l'autre tout ce qu'il reconnoissoit luy appartenir, & laissoit non impunie seulement, mais en quelque sorte remunerée la fausse delation d'vn calomniateur, qui auoit surpris sa iustice, & opprimé l'innocence de son propre Maistre; & tout cela seulement pour maintenir en quelque sorte l'autorité de son premier Iugement, & de la parole qu'il en auoit prononcée. Saül auoit voulu exterminer les Gabaonites, contre la religion du serment que le peuple d'Israel leur en auoit fait. La famine trauaille le pays l'es-
2. Sam. 21. pace d'enuiron trois ans, & Dauid consultant la bouche de l'Eternel, apprend que c'est à cette occasion. Il demande aux Gabaonites quelle satisfaction ils desirent pour cette offense, afin d'en faire expiation. Les Gabaonites requierent qu'on leur donne sept hommes de la race de Saül pour seruir comme de victime propitiatoire. Dauid, sans consulter dauantage la bouche de Dieu, les accorde, & les choisit d'où il luy plaist, épargnant Mephiboscet parce que son pere Ionathan auoit esté son amy, & abandonne à la vengeance des Gabaonites qui bon luy semble des fils &

des petits fils d'vn homme qui auoit eu l'honneur d'estre le premier Roy en Israël. C'estoit vn acte de iustice à la verité, mais d'vne iustice absolument souueraine, qui punit pour le bien public le crime du pere sur les enfans, & qui choisit & determine les obiets de cette punition entierement à sa volonté. Deux femmes plaident deuant
Salomon à qui d'elles demeurera vn en- 1. Rois
fant resté viuant de ceux qu'elles auoient 3. 24.
ensemble. Dans l'incertitude de la verité à qui des deux il appartenoit, il fait apporter vne espée pour le partager par la moitié. Encore qu'il n'eust pas l'intention de l'executer, si est-ce que l'auoir ainsi commandé, estoit vn acte de puissance souueraine contre laquelle le peuple ne s'esleue point, & se contente de regarder auec estonnement & reuerence le droit que ce Prince s'attribuë sur la vie des hommes. Son frere aisné Adonija, à qui il auoit pardonné l'attentat à la Royauté, demande en mariage Abisag, concu-
bine de Dauid. C'estoit vne priere ciuile 1. Rom.
en apparence, & qui sembloit deuoir estre 2. 23.
fauorable en la bouche de Bersabée, à qui Salomon donnoit beaucoup de témoignage de deferance & de respect. Neantmoins

fur le feul foupçon qu'il eut qu'Adonija vouloit renouueller fes pretentions à la Couronne, en recherchant la Concubine du Roy deffunct, & fe feruir de la faueur d'Abifag, qui peut eftre eftoit confiderée des grands du Royaume, il le fait mettre à mort fans autre forme de procez, & fans confulter les loix, ny le renuoyer aux Iuges. C'eftoit vn vfage effectif de ce droict abfolu qu'il auoit fur les iugemens, & qui éclatte d'autant plus qu'Adonija eftoit fon frere. A quoy l'on peut encore adioufter la
1. Rois. 2.34. & 46. mort de Semei, & celle de Ioab, lequel il fit tuer iufques fur l'autel : ce qui monftre encore hautement la fouueraineté de fa puiffance. Ie ne mets pas toutes ces actions en auāt pour les iuftifier: ie fçay qu'il y en a quelques vnes où il y a de la precipitation; & dans les autres de l'iniuftice, & mefme peut eftre quelque trop grande feuerité. Ie veux dire feulement que quelque mal qu'il y peuft auoir en quelques vnes de ces actions, les Rois n'en ont refpondu qu'à Dieu, & que ny les particuliers ny le public du peuple d'Ifraël n'a point pretendu auoir le droict de les corriger & de les reprendre. Tellement que comme dans les iugemens de rigueur, fi l'on y fuit vne loy qui choque

en quelque sorte l'equité, on dit, *Durum est, sed ferendum, quia lex iubet.* S'il y a eu quelque chose dans les actions de ces Princes qui ne fust pas dans toute l'exactitude de la iustice & de la raison, on a deu dire, *Durum est, sed ferendum, quia Rex iubet* : l'autorité du Roy aussi bien que celle de la Loy, estant 2. Sam.
sureminente & inuiolable. Aussi voit on 9. 27. 28. 29.
comment Mephibosçet reçoit auec respect 30.
la rigueur de la sentence de Dauid en son endroit, & deuant & apres qu'il luy eut iustifié son innocence. *Tsiba*, dit-il, *a calomnieusement chargé ton seruiteur vers le Roy mon Seigneur. Mais le Roy mon Seigneur est comme un Ange de Dieu. Fay donc ce que bon te semblera.* Et derechef, quand Dauid luy eut respondu, *Ie l'ay dit; Toy & Tsiba, partissez les terres : mesmes qu'il prenne le tout,* repartit il, *puis que le Roy mon Seigneur est reuenu en paix en sa maison.* Ce qui ne pouuoit proceder sinon du respect que ce bon personnage auoit à l'autorité Royale.

L'autre fonction de la royauté consistoit en la conduite des armées & en l'administration de la guerre. Car le peuple ne s'estoit pas contenté de dire, *Nostre Roy nous* 1. Sam. 8. 20.
iugera, à la façon des autres Nations, il auoit adiousté ; *& sortira deuant nous, & con-*

duira nos guerres. En effet, puis que les Roys sont ordonnez pour la conseruation de la societé sur laquelle ils sont establis, & que la societé n'a pas seulement à craindre les desordres du dedans, mais aussi les attaques du dehors, l'autorité royale ne se doit pas limiter à l'administration de la iustice & à la distribution des iugemens entre les sujets, mais s'estendre à repousser la violence des ennemis par la puissance des armes. Et c'est tellement le propre des Roys, de presider sur la guerre, & de commander aux armées, qu'on leur en a absolument laissé la puissance dans les lieux mesmes où on a d'ailleurs le plus resserré leur autorité, comme à Sparte. Or pour ne parler point des autres choses que ce commandement tire en consequence, & qui ont éleué les Roys bien loing au dessus des Prophetes & des Sacrificateurs, le droict sur la vie & sur la mort des hommes n'est nulle part si entier ny si souuerain, qu'entre les mains de ceux qui ont le pouuoir de faire la guerre. Car non seulement ils ostent la vie à leurs ennemis sans autre forme de procés que celle qui consiste en la declaration de la guerre, mais ils disposent de celle de leurs propres Soldats à peu pres à leur fantaisie. Et ils ostent la vie à leurs ennemis, non seulement en combattant, où le droict en est naturel, quand on combat en se defendant; & ou il est iuste & legitime, quand pour vne bonne cause on combat en attaquant; mais ils la leur ostent encore hors du combat par le droict de la victoire seulement, & de cela l'histoire de Dauid fournit de memorables exemples. Et derechef ils ostent la vie à leurs propres Soldats, non pas seulement les exposant à des perils qui paroissent ineuitables; ce qui est comme si on les enuoyoit directement à la mort; mais en les tuant de leur propre main, pour la seule peur qu'ils monstrent auoir du danger, quoy que la peur soit de toutes les passions la plus excusable. Or si vous considerez cette puissance là en elle mesme, il n'y a rien par où les hommes approchent tant de celle de Dieu. Car c'est à Dieu que la vie des hommes appartient, & nul n'a droict d'en disposer que selon l'autorité & le commandement qu'il luy en donne. Et si vous la comparez auec l'autorité des Prophetes & des Souuerains Sacrificateurs, vous trouuerez qu'ils n'ont iamais rien eu de tel en qualité de Sacrificateurs ny de Prophetes. Car si Elie a commandé qu'on tuast les Pro-

phetes de Baal, si Samuël a fait quelque autre execution de cette nature, çà esté par vne particuliere commission de Dieu pour certaines actions, qui ne tiroient nullement à consequence. Enfin, la troisiesme fonction des Roys a esté la conseruation de la Religion, dont encore que le peuple n'ait point parlé quand il a demandé vn Roy, si est-il certain qu'en Israël les Roys en ont eu quelque intendance considerable. Il est vray qu'il faut icy bien distinguer la part que les Roys y prenoient, d'auec les fonctions des Prophetes & des Sacrificateurs. Car ils ne predisoient point l'auenir; ils ne faisoient point profession de declarer au peuple les volontez de l'Eternel, comme par forme d'oracle; & ne metroient point en auant de nouuelles reuelations. Et si quelques vns des Roys l'ont fait, comme Dauid, ç'à esté en qualité de Prophetes. Ils n'entreprenoient pas non plus de porter l'Arche, ny d'offrir les victimes, ny de faire les encensemens; & si quelques vns l'ont attenté, ils en ont esté punis, par ce que Dieu vouloit qu'on laissast ces actions à ceux à qui il les auoit particulierement affectées. C'est pourquoy l'Epistre aux
eb. 7. 14. Hebreux remarque que de la Tribu de Iuda, qui

qui a donné tant de Roys au peuple de Dieu, aucun n'a iamais approché de l'Autel, pour y exercer ny grand ny petit Sacerdoce. Mais ils employoient leur autorité à faire qu'on obeyst aux Prophetes,& qu'on deferast aux souuerains Sacrificateurs ; & si les Ministres ordinaires ne faisoient leur deuoir au seruice de Dieu, la puissance des Roys les autorisoit à y donner ordre. C'a esté par l'autorité des Roys que l'Arche, qui estoit comme vagabonde auparauant, a esté transportée en Sion, & que le Temple a esté basti & consacré, pour rendre sa demeure fixe & permanente. C'a esté par la mesme autorité que les autels dressez aux faux Dieux ont esté diuerses fois démolis, & qu'on a couppé leurs boccages. C'a esté par la mesme autorité que l'Eglise a esté reformée,& le seruice de Dieu restabli, quand il y est arriué quelque alteration soit par l'astuce du Malin, ou par la nonchalance des hommes. Et les Iuifs ont tellement creu que l'onction des Roys leur donnoit le droit de prendre cette intendance au fait de la Religion, qu'ils ont laissé par écrit qu'encore que le souuerain Sacrificateur se peust asseoir dans les porches exterieurs du Temple, si est-ce qu'il n'eſtoit permis ſinon aux Roys de la race de Dauid, d'auoir vn ſiege dans les lieux plus auancez vers le Saint des Saints, & dont par conſequent la ſituation eſtoit plus auguſte. Comme ſi leur conſecration leur euſt donné vne eſpece de Sacerdoce ſupereminent, & qui les approchoit plus prés de la Diuinité que le Sacerdoce d'Aaron n'en approchoit le Pontife meſme. Et ſe trouue des gens ſçauãs qui croyent que ces paroles du 1. liure de Samuel, ch. 30. v. 7.

ויגש אביתר את האפוד אל דוד

ſe doiuent tourner, non pas comme on fait ordinairement, *& Abiathar mit l'Ephod pour Dauid*, ny comme quelques-vns ont traduit, *& Abiathar approcha l'Ephod vers Dauid*; mais, *& Abiathar appliqua l'Ephod à Dauid*, c'eſt à dire, *l'en reueſtit*, pour receuoir luy meſme l'oracle, comme s'il euſt eſté ſouuerain Sacrificateur. De quoy ils alleguent cette raiſon, qu'ayant eſté deſigné Roy par la ſaincte onction de Dieu, il auoit vn droict indubitable à ce Sacerdoce ſupereminent, qui rendoit les Roys d'Iſraël capables des choſes diuines. Quoy qu'il en ſoit, quand ils y ont étendu leur inſpection, ſans toucher aux fonctions des Sacrificateurs, ils n'ont rien fait au de là de leur vocation, & qui ne fust du deu de leur charge. Et soit qu'ils l'ayent fait en vertu de ce Sacerdoce sureminent, ou selon l'autorité que leur donnoient les autres relations de la Royauté, tant y a que quand ils ont creu estre offensez par les souuerains Sacrificateurs en ce qui estoit de leur majesté, ils les ont traittez comme leurs sujets, en vsant plus ou moins moderément de leur droit, selon la moderation ou la violence ordinaire de leur conduite. Car Salomon irrité de ce qu'Abiathar auoit fauorisé les desseins qu'Adonija auoit eus sur la succession au Royaume, se contenta de le deposer de sa grande Sacrificature, qu'il auoit exercée pendant le regne de Dauid & de le releguer en sa maison de Hanathoth. Et quant à sa vie, il n'y toucha pas, parce *qu'il auoit porté l'Arche du Seigneur deuant Dauid*, & qu'il auoit esté participant de toutes ses afflictions. Au lieu que Saül s'imaginant que le Pontife Ahimelec auoit conspiré auec Dauid quelque chose contre luy, il le fit executer à mort, luy & toute sa famille. Et bien que ce fust vne action & souuerainement iniuste en son fonds, parce qu'Ahimelec n'estoit coupable de rien; & violente au dernier point,

1. Rois 2. 26. 27.

1. Sam. 22. 16. 17.

parce que quand Ahimelec eust esté coupable de quelque chose, il y pouuoit respecter l'onction Pontificale, & y vser de la mesme retenue dont vsa depuis Salomon, si est ce que personne ne se remua ny pour l'vne ny pour l'autre de ces actions, tout le monde y reuerant l'eminence de la dignité & de la majesté Royale. Depuis ceux qui ont porté la qualité de Roys parmy le peuple des Iuifs, se sont sans aucune contestation attribué le droit de disposer à leur volonté de la dignité Pontificale. Si donc les souuerains Sacrificateurs ont deu estre inuiolables & au peuple & au Conseil souuerain, comme nous auons monstré cy-dessus, & que neantmoins ils ayent esté tellement inferieurs aux Roys, que les Roys les ont traittez comme leurs sujets, il faut bien necessairement que les Roys ayent esté inuiolables & au peuple, & au Conseil pareillement, & à toute autre puissance qui fust en la terre. Et la raison de cela est toute euidente. Auant l'établissement des Roys, le gouuernement de la Republique estant Aristocratique, le Conseil deuoit estre singulierement respectable, & absolument inuiolable au peuple, parce qu'il estoit souuerain. Et pendant ce temps là le Pontife a deu estre inuiolable au Conseil mesme, parce qu il estoit d'vn autre ordre que le reste des Senatenrs, & qu'il auoit son priuilege dans la sainctеté de son onction. La forme du gouuernement estãt changée, & l'Estat estant deuenu Monarchique par l'établissement des Roys, le Senat est demeuré inuiolable à l'égard du peuple, & le Pontife inuiolable à l'égard du reste du Senat ; mais ny le Senat ny le Pontife n'estoit pas inuiolable à l'égard du Prince, qui seul est demeuré absolument inuiolable, parce que par la Loy de la Mõnarchie il estoit seul absolument Souuerain.

Ie voy quelques gens qui disent que cela est indubitable pour le regard des bons Roys ; mais qu'il semble qu'il en doit estre autrement de ceux qui degenerent. Parce qu'estans ordonnez pour la conseruation de la societé, il est bien iuste que leur caractere les mette à couuert de toutes sortes d'attentats, tandis qu'ils seruent vtilement à la fin de leur institution. Que si non seulement ils n'y seruent pas, mais que mesmes ils y nuisent ; s'estans detournez de leur fin il ne semble pas raisonnable qu'ils iouissent du priuilege de leur caractere. C'estoit là autrefois le raisonnement du Iesuite Mariana, que les Independans ont adopté. Si ne vaut il pas mieux en la bouche des Independans, qu'il faisoit autrefois en celle de Mariana. Tellement que ceux qui l'ont refuté auec tant d'ardeur quand Mariana le proposoit, & qui ont estimé ce Iesuite si digne d'horreur à cette occasion, auroient bien mauuaise grace de l'approuuer lors que les Independans s'en seruent. Ces gens là sont merueilleux, qui veulent faire passer pour vne grande prerogatiue à l'égard des Roys, ce qui doit estre commun à tous les gens de bien du monde. Car la vie & l'honneur de tout homme de bien, de quelque condition qu'il soit, ne doiuent ils pas estre tenus comme vne chose sacrée ? Ie ne m'arresteray point icy à examiner les causes pour lesquelles les Politiques & les Iurisconsultes accordent en quelque sorte qu'il est permis de traicter vn Roy à peu pres comme vne personne priuée. Comme, s'il se démet luy mesme volontairement de la Royauté : Si estant Souuerain, il s'assujettit volontairement à vn autre, & se priue ainsi de sa Souueraineté, & le peuple, de sa conduite & de son support : S'il se declare ennemy de toute la Nation sur laquelle il regne, & fait ses efforts de l'exterminer; & s'il y en a quelque autre cause semblable. Le premier de ces cas arriue extrémement rarement : mais quand il est arriué, on n'a pas laissé de respecter ceux qui auoient eu l'honneur de porter la qualité de Princes Souuerains. Personne n'a entrepris sur la vie de Charles Quint, quand il eut remis l'Empire à son frere Ferdinand, & ses Estats patrimoniaux à Philippe second son fils. Et si quelqu'vn dit que c'est qu'il n'en auoit point donné de suiet, ou que ses successeurs estoient interessez en son honneur & en sa deffense, on en peut produire d'autres exemples. Ny les Chrestiens n'attenterent rien sur la personne de Diocletian, depuis qu'il eut laissé le gouuernement de l'Empire Romain, quoy qu'il les eust si horriblement persecutez ; ny les Payens n'obligerent pas mesme Sylla, à rendre conte de ses actions, quand apres auoir opprimé la Republique, & commandé si cruellement, il se fut de son bon gré démis de la Dictature perpetuelle. Pour les deux derniers de ces cas, ie croy qu'ils ne sont iamais arriuez, & ne semble pas qu'il soit possible qu'ils arriuent, sinon qu'vn Roy deuint tout à fait furieux : car quand à la simple foiblesse ou alienation d'entendement, elle ne produit point de tels effects, comme il se peut voir en nostre Charles sixiesme. Si donque vn Roy deuient tel, il doit iouïr du priuilege des furieux, qu'à la verité on recule de l'administration de leur bien, mais que leur fureur, quand il n'y auroit que cela, rend tousiours inuiolables. Ie diray seulement que pour ce qui est des Roys establis en Israël, il est plus clair que le iour que soit qu'ils fussent bons, ou mauuais, leur onction & leur caractere les a esleués au dessus de la cognoissance & de la iurisdiction de qui que ç'ait esté au monde. On pourroit icy mettre en auant qu'il y en a eu d'idolatres, de magiciens, de massacreurs, de tyrans à toute extremité, contre la vie & la dignité desquels on n'a iamais rien attenté ny par les conspirations des particuliers, ny par les seditions du public, ny par les Arrests du Conseil, ny par aucune autre voye. Ce qui monstre quelle opinion les Iuifs auoyent de la Royauté. Mais selon la Theologie & la Politique des Independans, quelqu'vn peut-estre respondroit, que c'est qu'on ne l'a pas peu, & que la tyrannie estoit trop armée & trop formidable. Si est-ce que quand dix lignées se retirerent de dessous la domination de Roboam, il semble que ce ne fut pas tant le defaut de puissance qui empescha vn si grand nombre de gens d'entreprendre contre sa personne, que celuy de volonté. Et toutesfois ils se contenterent de le laisser là auec la Tribu de Iuda, & de se donner vn nouueau Roy, ce que Dieu chastia depuis par ses iugemens, & condamna disertement par le ministere de ses Prophetes. Et quand Manasses commit tant d'horreurs, & fit tant de carnages dans la Tribu de Iuda sur laquelle il regnoit, qu'est ce qui retint vn si grand nombre de gens courageux qu'il y auoit alors, de se défaire de ce tyran, sinon le respect de son caractere ? Mais l'histoire de Dauid peut toute seule mettre hors de controuerse la verité que ie defens. Saül auoit esté fait Roy par l'onction du Seigneur : mais depuis à cause de sa desobeissance & de sa precipitation, il auoit esté rejetté de Dieu, & debouté du royaume. Non pas pour luy faire quitter ny la qualité de Roy, ny les fonctions de la royauté; mais pour l'aduertir qu'il ne la laisseroit pas à sa posterité, encore que quant à luy il la deust garder toute sa vie. Dauid auoit esté oinct par le commandement de Dieu pour estre

mis en sa place apres luy, & apres cela auoit esté éleué par sa vertu aux plus grandes charges du Royaume. Depuis ce temps là on ne vid proceder de Saül sinon des actions d'vn homme possedé de l'esprit malin, des cruautez de tyran, des passions de furieux, & des vangeances de barbare. Sur tout s'acharna-t'il à persecuter Dauid de telle façon, qu'il le mit quantité de fois dans vn eminent peril de sa vie. Quels donc furent à lors les sentimens de ce personnage ? Saül estant tombé deux ou trois fois entre ses mains, & ses amis l'incitant à se deffaire de son ennemy, ce qu'il pouuoit faire non seulement impunément, mais auec le gré de la Nation, & la remuneration d'vn Royaume, & sous le pretexte de la guerre qu'on luy faisoit, & du droict que les armes semblent donner, quand vne fois on les a prises, il deteste pourtant tousjours cette action auec horreur, & mesmes
1 Sam à quelque espece de remors & de compon-
24. 6. ction de ce que sans auoir aucun dessein de l'offencer il auoit neantmoins osé mettre la main sur sa manteline. Et la raison qu'il en allegue est certes vn beau commentaire à ce passage, *Ne touchez point à mes Oincts* : car il n'y a point de meilleur interprete du sens

de Dauid que les actions & les paroles de Dauid mesme. *Ia ne m'aduienne de par l'Eternel*, dit il, *que ie commisse vn tel cas contre mon Seigneur, l'oinct de l'Eternel, mettant ma main sur luy : car il est l'oinct de l'Eternel.* Ce qu'il repete à toutes les fois ou que telle occasion de toucher à Saül se presente à luy, ou qu'il trouue le moyen de luy representer son integrité & son innocence. Qui peut donc douter qu'vn si grand homme & si grand Prophete de l'Eternel, n'ait creu que le caractere de la Royauté rend sacrées & inuiolables les personnes des Monarques, mesmes en ceux qui d'ailleurs s'en rendent indignes par leurs vices? Et ce qu'il fit au sujet de la mort de Saül, n'est gueres moins remarquable. Il fit tuer deuant ses yeux celuy qui s'estoit vanté d'auoir presté sa main à Saül pour le faire mourir, quoy qu'il dist qu'il l'auoit fait à sa requeste ; parce, dit il, *qu'il n'auoit pas craint d'auancer sa main pour defaire l'oinct de l'Eternel.* 2. Sam. 1. 14.
Et quoy que depuis sa rejection Saül eust vescu en tyran, & que particulierement il se fust, sans aucun sujet, attaché à luy pour le perdre, il honora pourtant sa memoire apres sa mort, & fit encore expresse mention de son onction dans son Cantique. 2. Sam. 1. 21.

Tant il estimoit, non cette ceremonie proprement, mais la souueraine dignité à laquelle elle installoit, digne de respect, de veneration, & de crainte.

Ie dis que c'estoit non la ceremonie qu'il respectoit, mais la dignité dont elle estoit comme vne espece de Sacrement & de marque. Car quant à la ceremonie, c'estoit chose de peu de prix à la considerer en elle mesme; & ceux là monstrent qu'ils ont peu de sens, qui aduoüent que les Roys d'Israël ont esté inuiolables, parce qu'ils estoient sacrez par l'onction du Seigneur; mais que cela ne fait point de consequence pour ceux qui portent la qualité de Roys maintenant, sur qui cette consecration n'a point esté pratiquée. Car si la charge à laquelle ils ont esté appellez n'a point esté si eleuée au dessus de toutes les autres, qu'elle les ait peu rendre inuiolables à cause de sa dignité, l'onction ne leur aura pas peu conferer ce priuilege; comme il paroist dans les souuerains Sacrificateurs, qui encore qu'ils ayent esté oincts, & mesme auec plus de mystere & de ceremonie que les Roys, n'ont pas esté inuiolables pourtant à l'égard des Roys, depuis que la Republique d'Israël eut esté conuertie en

Monarchie. Et au contraire, si la charge à laquelle ils ont esté appellez a esté si esleuée qu'elle les ait exemptez de la iurisdiction des hommes à cause de sa dignité, le defaut de l'onction n'auroit pour cela rien diminué de la sainteté de leurs personnes. En effet l'onction, comme i'ay dit, n'estoit rien sinon comme vn Sacrement particulier aux Prophetes, aux Sacrificateurs, & aux Roys. Or le Sacrement conferé sans la chose mesme, n'est rien; & la chose mesme conferée sans le Sacrement, ne laisse pas d'estre ce qu'elle est, & d'auoir pareil prix & pareille autorité que si le Sacrement y auoit esté conferé, quand vne fois elle est reconnuë. Comme il en appert en ce que plusieurs Prophetes n'ont point esté oincts de cette huile corporelle, qui n'en ont pas esté moins Prophetes pour cela; & que nostre Seigneur Iesus n'a iamais receu cette ceremonie en son corps, quoy que sa dignité de Prophete, de Sacrificateur & de Roy, ait esté non inuiolable seulement, mais au dessus de tout respect & de toute veneration humaine. Et qui considerera la chose de prés, treuuera que cette ceremonie de l'onction n'estoit proprement destinée sinon à notifier au public qu'vn tel estoit ou appellé, ou designé pour vne telle dignité, afin que l'on ne doutast pas que c'estoit luy que Dieu auoit choisi pour cela; & non pas vne action qui fust absolument necessaire pour conferer la dignité mesme. Et s'il y a eu quelque autre raison qui ait rendu l'onction absolument necessaire, soit aux Rois, soit aux Sacrificateurs, (car quant aux Prophetes il est certain que la pluspart s'en sont passez) il la faut tirer de ce qu'ils estoient des types tres exprés de nostre Seigneur Iesus, dont il a fallu representer l'onction spirituelle par vne ceremonie externe. Quand donc Dauid a horreur de toucher à Saul, *par ce qu'il est l'Oinct de l'Eternel*, & qu'il le témoigne auec tant d'emphase, il ne veut pas dire qu'il est retenu de luy méfaire, d'autant qu'on luy auoit versé quelque huile mystique sur la teste: mais d'autant qu'il estoit Roy & établi en vne souueraine dignité de par Dieu. Comme quand il dit aussi au nom de Dieu, *Ne touchez point à mes Oincts*, il n'entend pas parler d'vne onction corporelle non plus; car chacun sçait que les Patriarches n'ont point esté ainsi consacrez; mais il deffend de les offenser parce qu'ils auoient la qualité de Princes souuerains, de Sacrificateurs & de Prophetes. Et comme quand Esaïe appelle Cyrus l'Oinct de l'Eternel, il ne veut pas dire que ce Prince ait esté sacré de la façon : car on sçait bien que hors la Iudée il ne se faisoit point de telle consecration de la part de Dieu en Orient; & s'il se pratiquoit quelques mysteres en l'installation des Roys de Perse, comme Plutarque le rapporte en la vie d'Artaxerxes, ny ce n'estoit pas l'onction, ny ces mysteres n'estoient pas d'institution diuine. Mais Esaïe a voulu dire que Cyrus seroit éleué de par Dieu à vne puissance absolument souueraine. Et qu'il en soit ainsi, nous le ferons voir clairement si nous reprenons la chose de plus haut, & si nous considerõs les souueraines dignitez vn peu diligemment en elles mesmes.

C'est vne chose qui doit estre tenuë pour indubitable entre les Chrestiens, que Dieu est le Souuerain Roy de l'Vniuers, non de droict & de dignité seulement, à cause de l'eminence de sa Majesté, mais de fait & de fonction, par le soin qu'il a de le gouuerner par sa prouidence. Et parce que la societé des hommes est la plus notable partie de l'Vniuers, & qui sans aucune difficulté est de plus de consideration enuers

Dieu, c'est aussi celle sur laquelle il regne auec plus de soin, & d'vne façon plus particuliere. Or est il certain qu'en cette comparaison que l'Auteur du Liure du Monde, fait entre le grand Roy de Perse à l'égard de son Empire, & Dieu à l'égard de l'Empire de l'Vniuers, il y a plusieurs defectuositez considerables. Mais elle s'adjuste fort bien en cela, que comme le grand Roy de Perse gouuernoit toute l'étendue de son Royaume, en enuoyant ses Gouuerneurs & ses Satrapes par les Prouinces, auec l'autorité dont il les y reuestoit; ainsi Dieu gouuerne toute l'estenduë du genre humain en establissant en chaque nation les puissances Superieures, auec l'autorité dont il luy a pleu de les reuestir pareillement. Tellement que comme il n'y auoit point de Gouuerneur ny de Satrape legitime dans aucune Prouince de l'obeissance des Perses, qui n'y fust installé par le Roy, il n'y a point en la terre dans aucune nation, de puissance legitime, qui ne soit ordonnée de Dieu. Et comme le grand Roy de Perse reuoquoit ses Satrapes & ses Gouuerneurs de l'administration des Prouinces quand il luy plaisoit, Dieu destituë les puissances qu'il a establies sur les

les Nations, lors que bon luy semble.

L'Escriture le nous enseigne tres disertement. Ainsi parle la sapience de Dieu de l'establissement des puissances. *Par moy regnent les Roys, & les Princes decernent iustice. Par moy seigneurient les Seigneurs, & tous les Gouuerneurs de la terre sont en estat.* Ainsi disent Iob & Esaïe que c'est Dieu qui *desceint le baudrier des Roys*, c'est à dire, qui leur oste toute puissance, & qui les desarme. Ainsi Daniel parlant à Belsatsar de Nabuchodonosor son pere, il luy dit que ce fut Dieu, *qui le déposa de son siege Royal, & qui le dépouilla de sa gloire* Et parlant à Nabuchodonosor mesme, & luy predisant sa calamité, il l'aduertit qu'elle luy arriuera, *afin qu'il recognoisse que le Souuerain domine sur le regne des hommes, & qu'il le donne à qui il luy plaist.* Et parce que c'est chose sans contestation entre les Chrestiens, ie n'en produiray pas d'autres témoignages. Certes quand l'Escriture ne le nous diroit point si clairement, la raison mesme nous le dicteroit. Car puis que la societé des hommes est le principal obiect de la prouidence de Dieu, (ie ne parle point icy de celle qui regarde son Eglise en particulier) & que la principale partie de la

Prou. 8. 15. 16.
Iob. 12. 18.
Esaïe 45. 1.
Dan. 5. 20.
Dan. 5. 25. 32.

societé des hommes, & la plus necessaire à sa conseruation, est l'établissement des puissances, d'où dépend son gouuernement, il faut que cette prouidence veille là dessus d'vne façon singuliere. Or est le genie des nations fort different, selon qu'il a pleu à Dieu leur distribuer leurs stations, & leur assigner les climats de leurs habitations, d'où vient la diuersité des temperamens, des inclinations, des occupations, & des affaires. Car c'est aussi à Dieu qu'il faut rapporter cela, selon ce que nous
Act. 17. 26. enseigne S. Paul, *que Dieu, qui a fait d'vn seul sang tout le genre humain, pour habiter sur toute l'estenduë de la terre, a aussi determiné les saisons qu'il a auparauant ordonnées & les bornes des habitations des hommes.* Tellement que l'establissement des puissances estant destiné au bien de cette societé, il a fallu les establir diuersement selon la diuersité du genie des Nations & les changer quelques fois, comme les occurrences ont changé, & rendre la forme de leur gouuernement ou simple, ou en quelque sorte meslé, ou entierement absolu, ou en quelque sorte limité, selon qu'il a paru expedient à cette souueraine & independante sapience. Il y a donc en

certains peuples que Dieu a laiſſés en leur liberté, parce qu'il a preueu qu'ils n'en abuſeroient pas trop, & s'eſt contenté de leur inſpirer par ſa prouidence la ſageſſe de ſe donner à eux meſmes des loix pour obliger les particuliers; & de ſe créer des Magiſtrats, qui par leur autorité rangeaſſent chacun à l'obeïſſance. Cependant ils ſe ſont reſerué le droict & de changer leurs Magiſtrats, & de leur faire rendre conte de leur adminiſtration apres vn certain temps prefix à leurs fonctions, & d'abroger leurs loix, & d'en conſtituer d'autres, ſelon que l'exigence des cas l'a requis, & de diſpoſer à leur volonté de tout ce qui regarde la paix & la guerre. Ce qui comprend neceſſairement en ſoy les leuées des deniers publics, ſans leſquels il eſt impoſſible qu'aucune Republique ſubſiſte. On appelle cette ſorte d'Eſtats *Democratiques* ou *Populaires*, d'autant que le peuple y eſt le maiſtre; & bien que ce gouuernement ait varié en diuers lieux, & ſelon diuerſes circonſtances, la forme pourtant en demeure, en ce que c'eſt par deuers le peuple que reſide la puiſſance ſouueraine, que l'on nomme la Maieſté. Or en cette nature de gouuernement, les particuliers, conſiderés chacun à part, tiennent lieu de suiets ; le peuple consideré en general, tient lieu de Souuerain, dont la Maiesté est inuiolable. Tellement que quand il abuseroit de son autorité à l'oppression de quelques particuliers, il ne seroit pourtant pas permis à ceux qui souffrent l'oppression, d'attenter quelque chose contre le Public, ny de tascher de ruiner la puissance du peuple en general, ou de maltraitter ses Magistrats, & ceux entre les mains de qui il a mis les marques de sa majesté, & l'vsage de sa puissance. C'est ce respect à l'autorité du peuple qui a fait que les honnestes gens qui ont receu quelque iniustice ou quelque outrage dans les Republiques populaires, ont supporté leurs disgraces sans rebellion, & auec vne singuliere patience. Pericles souffrit d'estre iniustement & ignominieusement deposé de sa Magistrature, sans remuer contre l'Estat des Atheniens. Aristides non seulement se laissa bannir iniustement, pour ne contreuenir point aux loix de son pays, mais écriuit de sa main le suffrage de quelqu'vn qui le bannissoit sans le connoistre, sur la requeste qu'il luy presenta, pour ne rien déroger à la liberté de ses citoyens : & sortant d'Athenes il pria les Dieux que les affaires des Atheniens allassent si bien, qu'ils ne fussent iamais necessitez de se souuenir de luy. Themistocles aima mieux mourir qu'estre obligé à prendre les armes contre son pays, qui auoit payé ses hauts faits d'vne ingratitude extreme. Socrates auala le poison que la ville d'Athenes luy ordonna, sans en auoir aucun sentiment d'irritation. Phocion pardonna sa mort aux Atheniens, & recommanda à son fils de n'en rechercher iamais la vengeance. Camillus, Metellus, Ciceron, ont eu quelque ressentiment du tort que les Romains leur faisoient en les exilant iniustement; mais ils n'ont iamais rien entrepris contre la majesté du peuple Romain, & ne se sont point autrement vangez qu'en souhaittant & procurant toute prosperité à leur Republique. Et bien qu'il y eust tousiours à Rome quelque chose à demesler entre le peuple & le Senat, & que les Tribuns fussent ordinairement odieux aux honnestes gens par leur insolence, si est ce que par ce qu'ils representoient la majesté du peuple Romain, entant qu'il estoit distingué du Senat, & que de ce costé-là estoit l'autorité absolument souueraine, leurs personnes ont tousiours esté tenuës pour ſaintes & inuiolables, comme Plutarque & les autres bons auteurs les appellent en diuers endroits. Que ſi quelques vns ont eſté tuez, comme il eſt arriué à l'vn des Graques, ou bien ceux qui les ont meurtris ont eſté en execration, ou s'ils ont eſté ſoit loüez ſoit ſupportez, ç'a eſté par ceux qui tenoient le party du Senat, qui affectoit touſiours la ſouueraine autorité au gouuernement, & qui taſchoit d'opprimer la liberté du reſte du peuple. Or a ce eſté ſeulement par la lumiere de la raiſon, que ces grands hommes dont ie viens de faire mention, ont reconnu que quand vn gouuernement eſt vne fois eſtably, il faut reſpecter ceux qui l'ont entre les mains, & n'attenter ny à leur autorité ny à leurs perſonnes, parce qu'encore qu'ils abuſent de leur pouuoir, il vaut pourtant mieux en endurer, que de troubler la paix de ſon pays, & ouurir la porte aux confuſions qui naiſſent de la deſobeïſſance. Car il eſt certain que ſi on ne met cette barriere à l'entour de ceux à qui on commet les rénes du gouuernement d'vn Eſtat, il n'y aura iamais de fin aux attentats, aux conſpirations, aux troubles, & aux guerres ciuiles: & n'y a perſonne qui n'aimaſt mieux la plus baſſe condition d'vn homme priué, d'autant qu'au moins y pourroit-il viure en seureté, que d'estre continuellement exposé aux entreprises des seditieux dans vne Magistrature souueraine. C'est pourquoy les Romains ne se contenterent pas de defendre par vne loy toute simple, d'attenter à leurs Tribuns ; ce qui estoit commun à tous les autres Magistrats ; ils obligerent encore tous les ordres de la Republique à l'obseruation de cette loy, par la reuerence du serment, afin que la religion de leurs Dieux fust interessée en la conseruation de cette Magistrature. Et si quelques vns, comme Platon, ont fait en cela quelque reflexion sur l'autorité de la Diuinité, ces sentimens ont esté foibles en ceux mesmes qui les ont eus, & tout à fait inconnus entre les autres. Pour nous, qui sommes incomparablemẽt mieux instruits, nous deuons reconnoistre l'autorité de Dieu en cette institution, parce que c'est luy qui ayant toute la terre sous sa domination, a distribué à ses habitans les formes d'estat & de gouuernement qui leur conuiennent. De sorte que dans les Republiques populaires, s'il y en a quelques vnes, comme il y en a entre les Chrestiens, il est du deuoir des particuliers de respecter l'ordre public,

& d'auoir en veneration ceux qui en ont l'administration, à quelques abus de leur pouuoir qu'ils se laissent emporter, & quelque incommodité que les particuliers en souffrent. Et ils y sont obligez, non pas seulement par cette raison, que toute rebellion est cause de confusion, & que tout changement d'Estat est ordinairement calamiteux aux Republiques; ce que les Payens mesmes ont bien apperceu: mais encore & principalement par celle cy, que toute puissance superieure, de quelque forme qu'elle soit, estant establie de Dieu, & tenant quelque rayon de sa majesté, la conscience mesme, & la consideration du salut eternel obligent à l'obeïssance.

La seconde forme de gouuernement est celle où la Puissance souueraine est pardeuers vn Conseil public, composé de certain nombre de gens, à qui l'aage, & la prudence qui l'accompagne, ou l'eminence de la vertu, ou la noblesse de la race, ou la puissance des richesses, & le credit qu'elles tirent apres soy, a par la prouidence de Dieu fait legitimement tomber le gouuernement entre les mains. Ce qu'on appelle Aristocratie, comme qui diroit, la domination des meilleurs & des plus puissans. Là, non les particuliers seulement, mais le general du peuple quelque grand qu'il soit, tient lieu de sujet : le Senat tient lieu de Souuerain, & a le reste du peuple en sa puissance. Il y a eu plusieurs Republiques qui se sont autresfois gouuernées de cette façon là ; mais celle de Venise nous en fournit vn bel exemple en ces derniers temps, sans en aller chercher plus loin, & sans remonter plus haut dans les histoires anciennes. On dit que cette Seigneurie a esté Democratique au commencement. parce qu'elle se composa du ramas de ceux qui fuyant les incursions des peuples du Septentrion, occuperent ces Isles où maintenant Venise est bastie, & se gouuernerẽt eux mesmes à la pluralité des suffrages, tandis qu'ils furent en petit nombre. Mais on adiouste qu'elle est deuenuë Aristocratie auec le temps, parce qu'à mesure que d'autres gens se sont refugiez auec ces premiers, & qu'ils ont voulu se mettre à l'ombre de leur protection, ils y ont esté receus à la condition de ne se mesler point du gouuernement public, & de reconnoistre ces premiers pour leurs Seigneurs souuerains. De quelque façon qu'il soit arriué, tant y a qu'en l'estat auquel nous la voyons, c'est l'Aristocratie la plus pure, & la moins meslée des autres gouuernemens qui se puisse voir au monde. Or que la majesté du Senat y doiue estre absolument inuiolable au penple, ie ne sçay pas si les Independans l'accorderont. Car d'vn costé ayant formé comme ils ont fait, vn Parlement perpetuel, & vn Conseil comme souuerain en Angleterre, il y a apparence qu'ils voudroient bien que le peuple eust receu cette impression, que la Majesté qu'ils y ont mise doit rendre ceux qui composent ces assemblées, inuiolables aux sujets. Parce qu'il est à craindre que si quant à eux ils n'ont pas respecté la majesté de leur Roy, qu'il auoit euë de ses ancestres par succession de plus de six cens ans, le peuple ne respectera pas la leur, qu'ils ont depuis si peu de tẽps, & n'est d'ailleurs que d'eux mesmes. De l'autre costé ils disent que la majesté & la souueraineté est dans le peuple comme dans sa racine & dans son principe, & qu'elle n'est dans les Magistrats, & mesmes qu'elle n'a esté dans leurs Roys, sinon par dependance & par communication seulement. De sorte qu'elle est inseparable du peuple, qui en reprend l'vsage & la gloire quand il luy plaist; mais qu'elle est separable des Magistrats & du Roy, qui est obligé de la laiſſer, quand le peuple la redemande. Si cela eſt, c'eſt le peuple de Veniſe, & des villes des enuirons, qui eſt radicalement & par eminence, comme on parle, le Souuerain de cet Eſtat-là : le Senat n'a la Maieſté de la Souueraineté que par communication, & ne la poſſede que comme vn depoſt, qu'il doit rendre toutes-fois & quantes qu'il en prendra fantaiſie au peuple. C'eſt vne choſe ſans doute que le Senat de Veniſe n'eſt pas de cette opinion. Car il a tousjours gouuerné comme abſolument Souuerain, & n'a iamais pretendu tenir ſon pouuoir du peuple. Et quand le Pape Paul V. voulut entreprendre ſur cette Souueraineté, le Senat s'y oppoſa par cette raiſon, que le Prince, & le Conſeil public, dont il eſt le Chef, ne tenoient leur autorité que de Dieu: en quoy ils auroient eu grand tort s'ils ne l'auoient point autrement que comme empruntée des mains du peuple. En effet, ſi la Republique, telle que nous la voyons, s'eſt formée de la façon que i'ay dite cy-deſſus, comme il y a beaucoup d'apparence, & les hiſtoires le rapportent, les Anceſtres de ceux qui gouuernent auoient la ſouueraine puiſſance en la main, auant que ce qu'on appelle maintenant le peuple fiſt aucune partie de l'Estat. Et ceux qui sont venus depuis ont receu de leurs predecesseurs la mesme autorité de main en main, sans que ce qu'on appelle le peuple y ait rien apporté de sa part sinon la simple obeïssance. Comment seroit donc radicalement la majesté dans le peuple qui ne l'eut iamais ? Et comment seroit tenu le Senat de la restituer à celuy de qui il ne l'a pas receuë ? Mais de quelque façon que la Republique de Venise se soit composée, la Souueraineté en est dans le Senat, & le peuple n'a du tout rien à y pretendre. Car l'Ecriture Sainte ne dit pas plus disertement que *Dieu a determiné les bornes de l'habitation des hommes*, c'est à dire, que c'est luy qui a assigné aux peuples leur demeure, à chacun en son endroit ; qu'elle dit que c'est *par luy que seigneurient les Seigneurs, & que tous les Gouuerneurs de la terre sont en estat.* Comme donc ces premiers qui ont occupé les Isles & les endroits de la mer où Venise est maintenant bastie, ont eu cette habitation là de Dieu ; ceux là mesmes qui y ont eu de tout temps l'autorité du gouuernement en main, l'ont euë de Dieu pareillement. Et comme le peuple qui s'est depuis ioint à eux n'a eu de part en cette habitation, sinon autant que les premiers luy en ont donné; ce mesme peuple n'a eu de part en la puissance de la domination, sinon autant que les premiers luy en ont communiqué. Tellement que si ces premiers luy en ont donné quelque participation, la majesté & la souueraineté est radicalement au Senat, &par cõmunication au peuple; cõtre l'imagination des Independans. Si ces premiers ne luy en ont donné aucune participation, le peuple n'a aucune part en l'autorité du gouuernement; & cela est encore plus directement opposé à ce que les Independans pretendent. Que s'ils disent qu'ils n'entendent pas qu'en tous Estats la Majesté soit radicalement dans le peuple, mais dans le Royaume d'Angleterre seulement; ie les renuoyeray à la *Defense de leur Roy*, où cela est tres solidement refuté, & me contenteray icy de ce qu'ils m'accorderont, qu'il y a des Estats Aristocratiques, comme celuy de Venise, où la puissance souueraine est absolument par deuers le Senat, sans qu'il reste rien au peuple que l'obeyssance. Car puis que nous auons monstré que cette puissance souueraine est de Dieu, qui l'a affectée au Senat, à l'exclusion du peuple, il sera aisé d'en recueillir que cette maiesté venue de

Dieu, doit rendre ceux en qui elle se trou
ue, inuiolables à leurs suiets, s'ils ne veu
lent violer la maiesté de Dieu mesme
D'autant que si les personnes particuliere
ne peuuent offenser les Magistrats suba
ternes, qu'ils n'offensent pareillement le
Souuerains, dont ils tiennent leur autorité
ny les personnes particulieres, ny les Ma
gistrats subalternes ne peuuent offencer le
Souuerains, que l'offense n en reiaillisse
sur Dieu mesme, dont ils portent le cara
ctere en leur Souueraineté. Si donc le
peuple de Venise & des enuirons en tout
l'estendue de cette domination, auoit re
solu d'oster l'autorité Souueraine au Se
nat, & de couper la teste aux Nobles qui le
constituent, comme les Independans ont
dépouillé leur Roy de sa Royauté, & puis
l'ont décapité, il commettroit vn parrici
de à peu pres égal à celuy des Indepen-
dans, & que tous les gens de bien de-
uroient auoir en horreur & en detestation
extréme.

La troisiesme forme de gouuernement
est celuy de la Royauté, où vn seul à la
Souueraine autorité, tous les autres tenant
lieu de suiets, qui luy doiuent obeyssance.
De sorte que la maiesté, qui dans les De-

mocraties appartient à tout le peuple en general; & qui dans les Ariſtocraties eſt plus reſſerrée dans le Senat, eſt au gouuernement Monarchique recueillie en la perſonne du Roy ſeul, où par conſequent elle éclatte auec plus de magnificence. Ce qui fait que tout ce que dans les Democraties le peuple vniuerſel a de pouuoir, & tout ce que dans les Ariſtocraties le Senat a d'autorité, le Roy le poſſede tout ſeul dans les Eſtats vrayement Monarchiques. Ie voy des gens qui gouſtent volontiers que le peuple ait la ſouueraine puiſſance dans les Eſtats populaires; & qui ont peine à ſupporter qu'il y ait des Ariſtocraties, où vne aſſemblée de peu de gens ait vn abſolu pouuoir : quoy qu'enfin ils s'y reſoluent pourtant. Mais ils ne peuuent digerer qu'il y ait des Eſtats raiſonnablement formez, où vn ſeul homme puiſſe autant que fait tout vn Senat ailleurs, où le corps de tout vn grand peuple. Leur raiſon eſt qu'il n'y a point d'apparence que Dieu ait formé de grandes Nations toutes entieres pour ſeruir à vn homme ſeul, qui eſtant de meſme nature auec eux, & ſujet à meſmes infirmitez & à meſmes paſſions, eſt tellement tiré hors du pair par cette ſouueraine maieſté, qu'il n'y a desormais plus aucune proportion entre sa condition & celle des autres. Si ces Messieurs là disent vray, il faut effacer les liures de tous les Politiques qui ont écrit iusqu'à maintenant. Car ils demeurent tous d'accord qu'il y a trois sortes de gouuernemens simples, le Populaire, l'Aristocratique, & le Royal, en chacun desquels le pouuoir est autant absolument souuerain, qu'il est dans les autres. De sorte que comme dans l'Estat Populaire, la puissance & l'autorité du peuple consideré en general, est independante du Senat & des Magistrats; dans l'Estat Aristocratique, la puissance & l'autorité du Senat & des Magistrats, est independante du peuple; & dans l'Estat Royal ou Monarchique, l'autorité du Monarque est independante de quelconque soit Senat soit Magistrat qui s'y puisse rencontrer. Il est bien vray qu'ils enseignent qu'il y a des gouuernemens meslez, où la puissance des Roys est temperée par l'autorité de quelque Senat; & la puissance du Senat contrepesée par quelques Magistrats populaires: & la puissance du Peuple, moderée par quelque moyen que le Senat, ou les plus Nobles & les plus puissans ont inuenté.

Ils

Ils disent mesmes qu'il se rencontre des Estats où toutes ces formes de gouuernement sont compliquées, comme à Sparte il y auoit des Roys, qui auoient le commandement absolu à la guerre; & vn Senat, qui disposoit des affaires du dedans; & des Ephores, qui representoient le peuple, à ce que ny les Roys ny le Senat n'abusassent point de leur pouuoir. Et il est certain qu'il n'y a quasi point de gouuernement si pur & si simple en son administration, qui n'emprunte quelque chose des autres formes de police, les vns plus & les autres moins. Mais tant y a que tous les Politiques aduouent qu'il y a quelques Estats que l'on peut appeller simples ou purs, par ce que ce qu'ils tirent des autres formes du gouuernement, est de fort peu de consideration, & n'altere du tout point la Souueraineté du pouuoir qui est entre les mains soit du Roy, soit du Senat, soit du peuple. Et quant aux gouuernemens meslez, les plus sçauans Politiques y distinguent entre la puissance absolument souueraine, & son administration. Car pour ce qui est de son administration, elle se peut bien en quelque sorte partager entre le Senat & le peuple, ou entre le Roy & le

Senat, pour la commodité de l'Estat. Tellement qu'il y a des Democraties qui se gouuernent vn peu Aristocratiquement; & des Aristocraties qui tiennent quelque chose de la Monarchie & du gouuernement Royal. Mais quant à la puissance absolument souueraine, ils disent qu'elle est entierement indiuisible, & que s'il suruient de la contestation entre ceux qui en partagent l'administration, il faut necessairement qu'elle se reigle par l'autorité, ou du peuple; ce qui reduit le gouuernement à la forme Democratique; ou du Senat; ce qui luy donne la forme de l'Aristocratie; ou d'vn seul, ce qui est la forme & le propre du gouuernement Royal. Et ce qu'ils disent semble fondé dans la Nature & dans la Raison. Dans la Nature premierement. Car le gouuernement du mary & de la femme dans leur famille, semble plustost Aristocratique qu'autrement: par ce qu'ils commandent conioinctement, & que leur autorité n'est point subalterne ny dependante l'vne de l'autre à l'esgard de leurs seruiteurs & de leurs enfans. Et neantmoins s'il arriue de la contention entre eux deux touchant le commandement, la Nature a voulu que le mary, à cauſe de la nobleſſe de ſon ſexe, & des auantages de force, de prudence, & de courage, dont il eſt accompagné, ait alors ſeul le pouuoir de commander. Ce qui fait dire que le gouuernement de chaque famille eſt Royal, parce que c'eſt par deuers le pere ſeul que reſide cette autorité abſolument ſouueraine. Dans la raiſon auſſi : parce que ſi on n'en vient là, ou bien il n'y aura point de fin à la conteſtation, ce qui ſera la ruine de l'Eſtat : ou bien elle ne ſe terminera que par la victoire de l'vn des partis, & par l'extinction de la puiſſance de l'autre : ce qui reduira l'Eſtat à l'vne de ces formes de gouuernement que l'on appelle pures & ſimples. Car ſi le peuple l'emporte ſur le Senat, il fera vne Democratie toute pure. Si le Senat ſur le peuple; il conuertira la Republique en ſimple Ariſtocratie. Et ſi enfin le Roy ſe rend maiſtre & du peuple & du Senat, il ne manquera pas d'oſter tous les contrepoids dont on a voulu contre balancer ſa puiſſance, & de donner à l'Eſtat la forme d'vne Monarchie abſoluë ; ce qui nous ramenera au poinct que ces gens veulent euiter. Parce qu'ainſi vn ſeul homme, qui de nature eſt comme les autres, les ſurpaſſera tellement par cette souueraine majesté, qu'il n'y aura desormais plus aucune proportion entre sa condition & la leur.

Certainement quand Dieu auroit crée les hommes à cette condition, que les vns fussent pour commander en qualité de maistres, & les autres pour seruir en qualité d'esclaues, il n'y auroit point de iuste suiet de s'en plaindre pour eux. Car il a pour le moins autant de droict sur le genre humain, que les hommes en ont sur eux mesmes. Or il les a tous fait naistre libres; & neantmoins ils ont introduit la seruitude par le droict des Gens, & iusques à bien auant dans le Christianisme, il n'y a quasi eu nation où la seruitude & la liberté n'ait mis vne presque aussi grande diuersité de condition entre les hommes, qu'il y en a entre eux & les animaux que la Nature a priuez de la Raison. Se peuuent ils plaindre que Dieu les assujettisse à des Roys, puis qu'ils se font esclaues les vns des autres? Et si quelcun dit que les premieres seruitudes qui ont esté introduites au monde, ont tenu lieu de bien fait, parce que les victorieux, qui auoient la vie des vaincus en leur puissance, pour la leur oster si bon leur sembloit, se sont contentez de leur oster la liberté ; Dieu par l'eminence infinie de sa majesté, & par le droict de creation qu'il a sur nostre estre, n'a t'il point autant de pouuoir de restreindre nostre liberté par l'autorité des Roys, que les hommes qui nous sont semblables en ont de la nous oster tout à fait, parce qu'ils nous ont vaincus en bataille? Mais comparons vn peu plus particulierement les causes qui ont fait naistre la seruitude, auec celles qui ont produit la Royauté ; pour mieux decouurir la iustice ou l'iniquité de cette plainte. Les hommes tombent en seruitude, ou parce qu'ainsi ils sauuent leur vie de la main d'vn victorieux: ou parce qu'ils se vendent eux mesmes en l'extremité de leur necessité : ou parce qu'ils sont nés d'esclaues qui n'ont pas esté remis en liberté. Et le droict & Ciuil, & des Gens, comme i'ay dit, autorise tout cela ; & la parole de Dieu confirme toutes ces constitutions, en commandant expressément aux seruiteurs l'obeyssance enuers leurs maistres. Si donc la victoire peut donner à vn particulier le droict ou d'oster la vie à son ennemy, ou de la luy laisser, comme il luy plaist, au prix de sa [li]berté ; la victoire ne pourra t'elle point

Leg. 7. Cod. de reivind. Lege 1. § 1. ff. de statu hominũ. Lege 21. ff eodem tit.

donner à vn Prince conquerant, le droict de mettre vn peuple en sa sujetion, en luy conseruant la vie? Si la necessité d'vn homme qui ne peut fournir à sa nourriture, & qui est pressé par ses creanciers, luy peut donner ce droict sur soy-mesme que de se vendre en seruitude, pour n'auoir plus desormais la libre disposition de ses actions; la necessité des affaires d'vn peuple qui ne se peut ny gouuerner soy-mesme au dedans, ny defendre contre ses ennemis au dehors, ne luy pourra-t'elle point donner la faculté d'alterer & d'ebrancher sa liberté, pour viure sous la protection d'vn Prince, en dépendant desormais de ses volontez? Si le malheur d'estre né dans la seruitude, oblige selon le droict à y demeurer tant qu'il plaist à celuy en la puissance de qui on est; la condition d'estre né sous la sujetion d'vn Roy, n'obligera t'elle point selon le droict à demeurer dans l'obeïssance? Et si la parole de Dieu ratifie le droict des Maistres, qui leur est acquis sur leurs seruiteurs par le consentemẽt des Nations; ne pourra-t'elle point ratifier également le droict des Roys sur leurs sujets, auquel tant de grands & illustres peuples ont consenti autresfois, & qu'ils approuuent encore?

Or sont presque toutes les Monarchies qui sont sur la terre fondées sur l'vne de ces trois raisons, ou que les Roys se sont rendus Maistres des peuples par le droit de victoire & de conqueste ; comme Cyrus & Alexandre se sont autresfois assujetti l'Orient : ou que les peuples par quelque necessité irremediable de leur estat, se sont donnez à vn Prince pour les proteger & les commander, comme fit le peuple Romain, quand par la Loy qu'on appelle *de la Royauté*, il remit toute sa puissance & sa liberté entre les mains d'Auguste & de sa maison : ou que la Royauté ayant esté de longue-main establie en vn pays, soit par le droict de la conqueste, ou par la volontaire demission que le peuple a faite de sa liberté, on se treuue né de ceux qui estoient desja sujets, & par consequent aussi sujet, par le droict de la naissance. Au reste le grand ou le petit nombre, soit des sujets, soit des esclaues ne fait du tout rien à cela. Car la seruitude n'en est pas moins dure, ny moins contre la Nature, à l'égard de chaque esclaue, pour n'auoir, pour exemple, que neuf ou dix compagnons à vn mesme Maistre : & la sujetion n'en est pas à chaque sujet plus rigoureuse, ny

Leg. 1, ff. de Constit. Princ.

moins conuenable à la liberté naturelle, pour auoir, si vous le voulez ainsi, vn million de compagnons à vn mesme Roy. Et derechef la condition d'vn million d'esclaues n'en est pas meilleure pour auoir cent mille Maistres; non plus que la domination d'vn Prince n'en est pas plus tyrannique pour auoir tout seul deux millions de suiets. Et que ceux contre qui ie raisonne maintenant, examinent vn peu eux-mesmes la iustice de leur plainte. Ils disent que c'est au peuple que reside le principe de la souueraineté. A ce conte tous les Estats deuroient estre populaires, d'autant que c'est la souueraineté qui donne l'estre & la forme au gouuernement. Posé donc le cas que celuy de l'Angleterre soit à cette heure populaire, comme les Independans le pretendent; ie demande, quand ils auront acheué la guerre qu'ils font en Irlande, & qu'ils auront subiugué les Irlandois, que feront-ils de cette nation? Luy laisseront-ils l'autorité de son gouuernement pour en vser à sa volonté? ou pretendront-ils de s'estre acquis par la conqueste le droict de luy commander? I'estime & tiens pour indubitable qu'ils s'attribueront cette autorité: autrement s'ils vouloient laisser la nation

Irlandoise en l'vsage de sa liberté, quel besoin y auroit-il de luy faire maintenant la guerre? Que ne la laissent-ils disposer comme il luy plaira, de ce qui la concerne, & de son gouuernement? Croyent-ils donc que Dieu ait creé l'Irlande pour estre sous la domination de l'Angleterre? Les habitans de ces deux Isles ne sont-ils pas de mesme nature, & de mesme condition? La Republique de Rome estoit populaire, mais la majesté de l'Empire ne residoit sinon au peuple Romain seulement. Quand donc tant de grandes nations luy furent assujetties, les vnes par la force de ses armes, les autres par leur soumission volontaire, & les autres de quelque autre façon que ce soit, peut on nier que ce ne fust vn Empire legitime, & que les Nations assujetties ne deussent l'obeïssance au peuple Romain? Or qu'estoit le peuple contenu dans l'enceinte de la ville de Rome & de ses murailles, en comparaison de l'étenduë de cet Empire, qui embrassoit quasi l'Vniuers? N'estoyent-ce pas tous des hommes de mesme nature & de mesme condition? Et pour emprunter les paroles de ces gens, y a t'il apparence que tant de peuples eussent esté creés pour si peu d'hommes? Ils accordent, quoy qu'auec quelque peine, que le Senat de Venise a la majesté de la puissance souueraine par deuers soy. Qu'est-ce donc de deux ou trois cens Senateurs, ou si vous le voulez ainsi, de deux ou trois mille Nobles, au prix de plusieurs millions de personnes qui sont dans les Prouinces sur lesquelles ils commandent? Et si la Republique de Venise auoit conquis l'Empire du Turc, & celuy du Sophi de Babylone, seroit il iuste qu'elle vsast du droict des Victorieux & des Conquerans, ou s'il se faudroit plaindre que tant de grandes Nations eussent esté creées pour si peu de gens? Ie ne diray point icy pourquoy les hommes ont esté creez. Chacun sçait que Dieu les auoit faits pour estre libres, mais que le peché a apporté vn grand changement à leur condition. Ie diray seulement que puis qu'on n'estime pas iniuste ny incompatible auec la raison, qu'vn peuple domine sur l'autre, vne seule ville sur tant de Nations & de Roys, vn seul Senat sur de si grands & de si populeux Empires, il n'y a rien en cela de desraisonnable, qu'vn seul homme domine sur ceux que Dieu luy veut assujettir.

Mais i'oseray bien affirmer cela encore

en beaucoup plus forts termes, parce que l'Ecriture parle plus nettement & plus auantageusement de l'establissement des Roys par la volonté de Dieu, que non pas d'aucune autre forme de Police. I'ay posé cy-dessus que le gouuernement Democratique est de Dieu. C'est parce que c'est vne puissance superieure, & que l Ecriture dit que *Rom 13. 1. 2.* toute puissance superieure est de l'institution de Dieu. Au reste, elle ne parle point precisément des gouuernemens populaires, ny dans le Vieux ny dans le Nouueau Testament. Car quant à ce qu'elle represente la Republique de Rome sous l'image d'vne beste terrible & épouuentable, qui a des *Dan. 7. 19.* dens de fer, & des ongles d'airain, qui mange & qui débrise, & qui foule à ses pieds le demeurant du carnage qu'elle a fait, c'est seulement pour nous representer vne grande & formidable puissance, & non pour nous dire proprement sous quel type elle domineroit. En effet, du temps du Vieux Testament les Democraties estoient inconnuës à la Iudée, & presque à tout l'Orient. Du temps du Nouueau, les Democraties, s'il en restoit quelque petite ombre dans la Grece & dans l'Asie, estoient étouffées sous la domination des Empereurs. De sorte qu'on ne peut prouuer que leur institution soit de Dieu, sinon par des raisons generales, & par des allegations qui sont communes à toutes les formes de gouuernement. Quant à ce qui est des Aristocraties, l'Ecriture Sainte en parle disertement. Car tel a esté proprement le gouuernement d'Israel depuis le ministere de Moyse & de Iosué, iusques à l'introduction de la Royauté, & comme ie l'ay desia dit, le Souuerain Sacrificateur, qui est appellé par S. Paul le Prince du peuple de Dieu, estoit le chef du Conseil nommé Sanhedrin, par deuers lequel estoit alors tout ce qu'il y auoit apres Dieu de puissance Souueraine ordinairement establie en la Republique. Car quant à ce qui est des Iuges, c'estoyent des Magistrats extraordinaires, & suscitez par miracle, & non par quelque loy qui fust fondamentale à l'Estat. Depuis le retour de la captiuité de Babylon, iusques bien auant dans les temps suiuans, le gouuernement fut plustost Aristocratique qu'autrement, parce que le Sanhedrin se remit sus, & que la puissance Royale estoit abolie. Et si Nehemie, & Zorobabel, & quelques autres y ont tenu lieu de Princes qui auoient l'apparence d'estre aucunement Souuerains, ç'a esté par vne extraordinaire dispensation, comme il en auoit esté des Iuges au commencement de la Republique. Et c'est, ce semble, à l'occasion de ce Conseil-là, que le Prophete Asaph, qui viuoit de ce temps-là, composa le Pseaume LXXXII. où apres auoir dit que Dieu est assis en l'Assemblée des Iuges; paroles qui ne se peuuent pas entendre ny d'vn Monarque, ny d'vne Republique populaire, mais d'vn corps de Senateurs & de Magistrats, qui ont ensemble vne autorité souueraine, & laquelle emane immediatement de Dieu ; il leur reproche leur iniustice & leur tyrannie. Or qu'il les considere comme Magistrats souuerains, il en appert par ces termes, *I'ay dit, vous estes Dieux, vous estes tous enfans du Souuerain*, & par l'interpretation que nostre Seigneur leur a donnée. Car quant à ces termes, à les considerer en eux mesmes, ils sont trop magnifiques en la bouche des Prophetes, pour conuenir à des Iuges subalternes & inferieurs, qui sont quelquesfois de si peu d'autorité & en des lieux si contemptibles, qu'à grand peine les distingue-t'on des autres hommes, tant s'en faut que l'esclat de leur puissance peust inuiter vn grand Pro-

phete à leur donner le tiltre de Diuinité. Et puisque les enfans sont de la condition de leur pere, & tiennent leur estre immediatement de luy, il n'y a point d'apparence que le Prophete eust nommé ceux à qui il parle *les enfans du Souuerain*, s'ils n'eussent esté Souuerains eux-mesmes, & reuestus d'vn pouuoir qu'ils n'ont receu que de Dieu. Autrement quelle raison de leur donner cette qualité *d'enfans*, s'il n'y a point de ressemblance entre leur institution politique, & la generation naturelle? Pour ce qui est de l'interpretation de nostre
Jean 10. 34. 35. Seigneur, il n'y a non plus d'apparence qu'il eust fait comparaison soit de sa personne, soit de sa charge, auec d'autres que des Souuerains, pour en tirer vn argument du plus petit au plus grand, comme on prend ordinairement ce passage, & prouuer que s'ils sont nommez Dieux, la qualité de Fils de Dieu luy conuient en plus forts termes. Ioint qu'il dit que ce sont *ceux à qui la Parole de Dieu est addressée*: ce qui est le terme dont l'Ecriture se sert pour representer vn commandement & vne charge receuë immediatement de Dieu. Car cette formule se trouue ordinairement, lors qu'il est que-

ſtion des Prophetes: *La Parole de l'Eternel ut addreſſée à Eſaïe, à Ieremie*, & ainſi des autres. Et quand Samuël voulut faire ſçauoir à Saül, que Dieu l'appelloit à eſtre Roy, il luy dit, *Arreſte toy à cette heure que ie te faſſe entendre la Parole de Dieu.* Et ce n'eſt pas ſans grande apparence de raiſon que quelques interpretes eſtiment que quand le Prophete parle ainſi; *I'ay dit*, ou il parle au nom de Dieu, ou il introduit Dieu parlant: de ſorte que ce qui ſuit, *Vous eſtes Dieux, vous eſtes tous enfans du Souuerain*, ſoit cette Parole que Noſtre-Seigneur dit leur auoir eſté addreſſée, & par laquelle Dieu les a eſtablis en autorité. Ie ne ſçay ſi apres que la ſapience de Dieu a dit au VIII. des Prouerbes, *Par moy regnent les Roys, & les Princes decernent iuſtice*, pour repreſenter la puiſſance des Monarques; elle ne veut point particulierement deſigner celle des gouuernemens Ariſtocratiques par ces mots: *Par moy ſeigneurient les Seigneurs, & tous les Gouuerneurs de la terre ſont en eſtat.* Parce qu'outre que la repetition ſemble non abſolument neceſſaire ſi elle vouloit parler des Roys, le changement de termes doit eſtre conſideré, qui met vne manifeſte diſtinction entre ceux qu'elle nomme *Roys*, &

1. Sam. 9. 27.

Princes, qui sont seuls Souuerains en leurs Estats: & ceux qu'elle appelle, *Seigneurs*, *& Gouuerneurs*, qui sont tiltres qui conuiennent mieux aux Souuerains Magistrats des Estats que l'on appelle *Seigneuries*. Quoy qu'il en soit, il est certain que dans la Parole de Dieu, il est fait vne beaucoup plus expresse & beaucoup plus honorable mention des puissances Aristocratiques que des Republiques populaires. Mais si est-ce que tout ce qui y en est dit, n'est point à comparer à la façon dont elle s'exprime du gouuernement Royal. Outre ce que ie viens d'alleguer du VIII. des Prouerbes, & outre ce que i'ay cy-dessus rapporté de la majesté des Roys du peuple de Dieu, ie pourrois icy mettre en auant que le tiltre de Roy est celuy que Dieu a pris pour representer la Souueraine domination qu'il a dessus tout l'Vniuers, & que Nostre-Seigneur a emprunté pour representer celle qu'il a particulierement sur son Eglise. Il ne s'est point appellé Archon, comme faisoit le premier Magistrat d'Athenes. Il ne s'est point nommé Consul, ny Tribun, ny Dictateur, non pas mesmes Dictateur perpetuel, quoy que cette dignité estant absolument Souueraine en elle mesme, & inseparable de la personne

ſonne qui la poſſedoit, elle approchoit merueilleuſement pres de la majeſté des Roys; il a voulu ſe nommer Roy, comme eſtant la ſeule qualité qui conuenoit à la ſplẽdeur & à la ſouueraineté independante de ſon empire. Et cela deuroit ſuffire enuers des gens raiſonnables, pour leur donner de bons ſentimens de la Royauté. Car ſi les Roys ne ſont rien ſinon des Magiſtrats eſtablis à la volonté du peuple, & qu'il peut deſtituer quand il luy plaiſt, comment eſt-ce que Dieu emprunte leur nom pour deſigner ſa puiſſance? N'auoit il point d'autres termes capables d'exprimer ce qui eſt de ſon autorité, ſans en employer vn qui n'a point d'autre vertu ſinon de repreſenter vn pouuoir ſubalterne & dependant de la pretendue majeſté des peuples? Mais il ne ſe peut rien dire de plus glorieux, & qui repreſente auec plus d'emphaſe vne puiſſance abſolument ſouueraine, & immediatement emanée de Dieu, que ce qui ſe trouue écrit de Cyrus au XLV. d'Eſaïe. *Ainſi a dit l'Eternel à ſon Oinct, aſſauoir à Cyrus, duquel i'ay pris la main droite, afin que i'étende tout plat les Nations deuant luy, & que ie deſceigne les reins des Roys, afin qu'on ouure deuant luy les huis, & que les portes ne soient point fermées. I'iray deuant toy, & dresseray les chemins tortus; ie rompray les portes d'airain, & mettray en pieces les barres de fer; & te donneray les tresors cachez, & les richesses les plus secrettement gardées; afin que tu sçaches que ie suis l'Eternel, le Dieu d'Israël, qui t'appelle par ton Nom.* Qui ne void là que c'est Dieu qui declare à ce Prince, que ce ne sont pas les peuples qui luy donnent sa domination, mais que c'est luy qui le fait Roy de diuerses Nations & de diuers Royaumes, & qui luy en met la puissance entre les mains? Ces paroles de Daniel, interpretant le songe de Nabucodonosor, ne

Dan. 2. 36. sont pas moins magnifiques ny moins augustes. *Toy Roy, es le Roy des Roys, d'autant que le Dieu des Cieux t'a donné royaume, puissance, force & gloire. Et en quelque part qu'habitent les enfans des hõmes, les bestes des champs, & les oyseaux des cieux, il te les a donnez en ta main, & t'a fait dominer sur eux tous.* Qui ne void encore là que ce ne sont pas les peuples qui établissent Nabucodonosor pour estre Roy, par vne espece de Commission reuocable à leur volonté, mais que c'est Dieu qui comme Seigneur absolu & souuerain de tout l'Vniuers, donne à ce Prince la domination, non sur les peuples ſeulement, mais ſur les Roys, pour auoir au deſſus d'eux, comme ils ont ſur leurs ſujets, vne maieſté à peu pres également ſureminente ? Et ſi les Independans auoient trouué dans la Parole de Dieu quelque choſe de tel, qui ſe rapportaſt à la pretenduë Republique d'Angleterre, quel droit ne s'attribueroient ils point ſur les autres Nations, eux qui pource qu'il eſt dit, que *le regne & la ſeigneurie, & la grandeur des Royaumes qui ſont ſous tous les Cieux, ſera donné au peuple des ſaints du Souuerain*, pretendent eſtre bien fondez à faire couper la teſte à leurs Roys, & à former le deſſein de la ruine des Monarchies ? ou ſi leur Capitaine general auoit trouué quelque choſe d'approchant en la parole de Dieu, pour autoriſer ſon Generalat, en conſcience ſe croiroit il ſujet à la iuriſdiction du Parlement, pour laiſſer & ſa charge & ſa vie à la fantaiſie du peuple ? Or afin que l'on ne penſe pas que ces paroles contiennent pluſtoſt vne prediction des euenemens, que Dieu diſpenſe comme il luy plaiſt, pour la punition tant des peuples que des Rois, que non pas l'établiſſement d'vn droit que Nabucodonoſor puiſſe legitimement pretendre, (quoy que ces mots, *Ie t'ay donné*, ne

Dan. 7. 27.

souffrent pas ces exceptions, & que tout l'air de ce propos les reiette clairement.) Voicy comment il est parlé du mesme Nabucodonosor en Ieremie. *Maintenant i'ay*

Ierem. 27. 6. *liuré tous ces pays icy en la main de Nabucodonosor, Roy de Babylone, mon seruiteur; & mesmes ie luy ay donné les bestes des champs, afin qu'elles luy soient asseruies. Et toutes Nations luy seront asseruies, & à son fils, & au fils de son fils, iusques à ce que le temps aussi de son pays mesme vienne, & que plusieurs Nations & grands Roys l'asseruissent. Et aduiendra que la Nation & le Royaume qui ne s'asseruira à luy, à sçauoir à Nabucodonosor Roy de Babylon, & quiconque ne submettra son col au joug du Roy de Babylon, ie puniray cette Nation-là, dit l'Eternel, par l'espée, & par la famine, & par la mortalité, iusqu'à ce que ie les aye consumez par sa main.* Dieu puniroit-il si seuerement la rebellion si ce n'estoit vn grand crime ? Et seroit-ce vn grand crime que la rebellion, si celuy contre qui on le commet n'auoit de son costé vn grand droit d'exiger l'obeïssance ? Et afin que personne ne doute de la legitimité de ce droit, Dieu commande expressémẽt à son peuple, qui estoit le peu-

Ierem. 27. 17. ple le plus priuilegié de tous, *de s'assuiettir au Roy de Babylone*, pour euiter la fureur de sa vengeance. Apres cela ie ne croy pas qu'il y ait lieu de contester s'il y a des Roys que Dieu éleue si haut au dessus de la condition de tous les autres humains, que par le respect de sa maiesté, dont il a mis l'empreinte en eux, on leur doit toute sorte d'honneur auec vne obeïssance toute entiere. Si donc les Magistrats qui represen-tent la souueraine maiesté des peuples, sont inuiolables, comme les Tribuns; si les Senats en corps, & les Chefs qui les representent, & en qui la souueraine maiesté des Seigneuries Aristocratiques reluit particulierement, sont encores inuiolables, comme les souuerains Sacrificateurs; les Roys que Dieu a establis auec vne maiesté souueraine, sont inuiolables parcillement, & encores plus les Roys des Roys, comme estoient Cyrus & Nabucodonosor, s'il y peut auoir des degrez dans la sainteté qui rend leurs personnes sacrées, augustes, & venerables. De sorte qu'à moins d'vn commandement expres, & procedé immediatement de Dieu, comme ceux d'Ehud & de Iehu, on ne peut rien entreprendre sur eux sans commettre quelque chose de plus odieux deuant Dieu, que n'est le plus execrable parricide. Il est vray que les Independans, & ceux qui sont à peu pres de leur ſentiment, comme ils veulent paroiſtre en tendus en Theologie, & particulierement en l'explication des Propheties, vſent ic de quelques diſtinctions. Ils diſent qu'il a bien de la difference entre ces Roys là qui ont vécu auant l'aduenement de Chriſt & ceux qui ſont venus depuis l'établiſſe ment de la Religion Chreſtienne. Parc qu'auant la venuë de Chriſt la vocation de Roys à la royauté, eſtoit plus claire dans ſo origine, & fondée en tiltres bien plus eui dens: au lieu que depuis, leur origine a eſt obſcure, & que les tiltres de leur eſtabliſſe ment ſont beaucoup plus incertains. Qu les Roys des Iuifs notamment ont eu leu vocation immediatement de Dieu; ce qu releuoit merueilleuſement la ſouuerainet de leur puiſſance, & l'éclat de leur maieſté au lieu que ceux qui ſont venus depuis, n ſont inſtallez dans la Royauté que par l'en tremiſe des cauſes ſecondes & par la con duite d'vne prouidence ordinaire, ce qu rauale de beaucoup la gloire de leur digni té. Ils adiouſtent qu'auant la venuë d Chriſt il n'y auoit point d'Egliſe au mond ſinon la Iudaïque ſeule, à qui n'appartenoi point l'accompliſſement des Propheties qui ſe trouuent dans les liures de l'ancienn

& de la nouuelle alliance, & particulierement en Daniel. Depuis, l'Eglise Chrestienne est venuë, à qui il est promis qu'elle garrotera les Roys de chaisnes, & que le regne, & la seigneurie, & la grandeur des Royaumes luy sera donnée, d'autant qu'elle est le peuple des Saints. Enfin, qu'il y a grande difference de Royauté à Royauté, & que celles dont i'ay parlé iusqu'icy peuuent auoir esté absoluës par l'institution de Dieu, au lieu que celles de maintenant sont limitées par l'autorité des Parlemens, par les loix fondamentales des Estats, & par la liberté des peuples. Examinons donc vn peu la solidité de ces distinctions & de ces responses.

Pour commencer parce qu'ils disent de la certitude de l'établissement des Roys, & de leur vocation mediate ou immediate de par Dieu, i'aduoüe qu'il y peut auoir de la difference entre eux en cet égard, & qu'à proportion de ce qu'ils ont des caracteres plus ou moins euidens de la vocation de Dieu, à mesme proportion leur maiesté est plus ou moins auguste & venerable. Pharao Roy d'Egypte, & Abimelec Roy de Guerar, tenoient leur royauté de Dieu, puis qu'il est l'auteur & l'instituteur de toutes les puissances de la terre. Et puis qu'estre *l'Oinct de l'Eternel*, & estre *Roy*, sont à peu pres vne mesme chose, comme nous auons veu cy-dessus, & que celuy qui possede la chose mesme, peut bien porter la qualité que donne le Sacrement, il n'y a, ce me semble, point de doute, qu'ils n'ayent peu estre appellez *les Oincts de l'Eternel* en cet égard, & que non leur onction, puis qu'ils ne l'auoient point receuë effectiuement, mais leur Royauté, ne les ait rendus inuiolables. Neanmoins parce qu'Abraham, Isaac, & Iacob, ont eu leur vocation plus immediatement de Dieu, que ny Pharao ny Abimelec, il est apparent qu'en ces paroles il y a quelque particuliere force à l'auantage de ces Patriarches. De mesmes Hiram Roy de Tyr, & cet autre Pharao, Roy d'Egypte, qui viuoit du temps de Salomon, estoyent indubitablement Roys, & par consequent les Oincts de Dieu. Mais ils ne sont pas ainsi nommez pourtant, au lieu que Saül, & Dauid, & Salomon, dont la vocation au Royaume auoit eu quelque chose de plus singulier, peuuent porter ce tiltre auec splendeur & magnificence. Les Roys de Perse & de Mede, qui ont esté deuant & apres Cyrus, ont esté d'autant plus les Oints de Dieu, qu'ils estoient, comme ils parloient, & comme l'Ecriture mesme s'acommode à ce langage, Roys des Roys, & neantmoins il n'y a que le seul Cyrus, en la vocation duquel il y auoit quelque chose de particulier entre tous les Potentats de l'Orient, à qui cette glorieuse qualité *d'Oint de l'Eternel*, soit donnée en l'Ecriture. L'Apostre S. Paul dit indifferemment de toutes sortes de Princes Souuerains, qu'ils sont *Seruiteurs de Dieu*; & neantmoins ie ne doute pas que ce ne soit en quelque façon par excellence, comme on parle, que Dieu appelle Nabucodonosor, Roy de Babylon, *son Seruiteur*, à cause de quelque employ special qu'il luy donnoit en l'exercice de sa charge. De sorte qu'il n'y a point de difficulté que les Roys d'Egypte & de Guerar, n'ayent deu respecter Abraham, Isaac, & Iacob, à proportion de la connoissance qu'ils auoient de la singularité de leur vocation; ce qui se peut aussi dire de Hiram & de Pharao, à l'égard de Dauid & de Salomon; & derechef, des autres grands Roys de l'Orient à l'égard de Cyrus & de Nabucodonosor, s'il y auoit quelques Roys dans l'Orient, comme sans doute il y en auoit, qui ne dependissent point de leur puissance. Mais ces singularitez de leur vocation, qui

Rom. 13. 4.

Ierem. 25. 9.

donnoient quelque eminence à leur dignité, & quelque particuliere ſplendeur à leur Royauté, n'empeſchoient pas pourtant que les autres ne fuſſent abſolument ſouuerains en leurs Eſtats, ny que leur ſouueraineté ne rendiſt leurs perſonnes inuiolables. Auſſi voyez vous que les Patriarches traittent auec Pharao & Abimelec, comme auecque des Souuerains, ſur qui leur vocation extraordinaire ne leur attribuoit aucun droict; & que Dauid & Salomon traittẽt auec Hiram, & cet autre Pharao, cõme d'égal à égal, ſans pretendre que la ſplendeur de leur onction diminuaſt rien de la majeſté ny de la ſouueraineté des autres. Autre choſe eſt quelque eminence de ſplendeur en la dignité d'vn Potentat, qui luy donne le premier rang entre quelques autres Souuerains, & autre la puiſſance de commander, à l'égard de laquelle ces Souuerains ne luy cedẽt point, & ne dependent point de leur Empire. L'Eminence de la dignité oblige celuy en qui elle eſt moindre, à quelque reſpect enuers celuy qui y eſt ſuperieur; mais la puiſſance de commander chacun à ſes ſujets, & l'independance de leur autorité reſpectiuemẽt les rend égaux, & les doit empeſcher de riẽ entreprẽdre l'vn ſur l'autre. Et ſi celuy qui eſt inferieur en dignité, eſt tenu d'en reſpecter l'eminence en celuy qui l'a, commeHiram, pour exemple, en Dauid & en Salomon; ou cõme Pharao & Abimelec en Abraham & en Isaac, parce que cette superiorité est de Dieu: celuy qui n'est point superieur en autorité de cõmander, doit respecter la souueraineté en celuy en qui elle est, cõmeDauid & Salomon enHiram, ou cõmeAbraham & Isaac en Pharao & en Abimelec, parce que cette souueraineté est pareillement deDieu, qui distribuë les dignitez & les puissances cõme bon luy semble. De mesmes qu'entre deux personnes également libres de naissance, mais dont l'vne a quelque auantage en la noblesse de son extraction, que l'autre n'a pas; celuy qui est libre & non noble, doit du respect à la noblesse, parce qu'elle est de l'institution de Dieu dans le droict des Gens: mais celuy qui est noble doit laisser l'autre dans l'honneste vsage de sa liberté, & ne rien attenter contre luy en cet esgard, par ce que la liberté est de l'institution de Dieu dans le droict de la Nature. I'estime donc que Dauid a esté d'vne plus haute dignité que Cyrus, d'autant qu'il a esté choisi de la propre main de Dieu, & oinct par son exprés commandement, & porté à la Royauté par des mouuemens extraordinaires de son esprit, & établi pour estre le Pasteur de son peuple d'Israël, & fauorisé de son assistance par vne miraculeuse Prouidence. Car sans parler de ce qu'il a esté vn type si extraordinaire de Iesus-Christ, ce sont-là des auantages dont Cyrus n'a point eu les vns, & s'il n'a pas esté priué des autres absolument, au moins est il certain qu'il ne les a pas eus tout à fait semblables. Par mesme raison l'on peut dire que Cyrus a esté en quelque chose d'vne plus haute dignité que Nabucodonosor, d'autant qu'estant Prince de naissance aussi bien que l'autre, mais decheu de sa condition, il y est remonté par des mouuemens heroïques, que Dieu sans doute luy a inspirez, & qu'ayant entrepris des conquestes dignes de cette haute magnanimité, Dieu l'y a fauorisé de telle façon, qu'il a de bien loin surpassé ses propres esperances : tellement que de Berger qu'il estoit au commencement, il est deuenu le Roy des Roys, & le dominateur de l'Oriẽt. Sur tout est cõsiderable en son regne qu'il a esté le liberateur du peuple de Dieu; prerogatiue dont Nabucodonosor ne se sçauroit pas vanter, non plus que d'auoir egalé Cyrus dans le nombre de ses combats, & dans la gloire de ses victoires. Nabucodonosor pareillement a esté d'vne plus haute dignité que n'a esté Alexandre: parce qu'estant né beaucoup plus grand, quant à l'estenduë & à la magnificence de son empire, il l'a encore beaucoup augmenté par des conquestes glorieuses, où Dieu l'a tellement assisté, qu'il a voulu que son peuple mesme, le plus noble & le plus auantagé de tous, luy asseruist sa liberté, & le reconnust pour son Souuerain. Et pour cet effet il a adressé à son Israël des commandemens particuliers, & à Nabucodonosor des visions & des oracles, qui le tirent hors du pair de ce terrible Conquerant. Alexandre a esté d'vne dignité à mon aduis beaucoup plus grande que ce Darius qu'il a vaincu. Ce que ie ne dis pas seulement en les comparant en qualité de victorieux & de vaincu, ce qui constituë entr'eux vne inegalité comme immense; mais en faisant comparaison de Darius à l'heure qu'il estoit paisible en la domination des ses Estats, auec Alexandre le Grand quand vne fois il fut assis sur le trône des Roys de Perse. Parce qu'encore que celuy-cy fust beaucoup moindre en sa naissance, si vous regardez à l'étenduë & à la magnificence de son Royaume, si est-ce qu'il est né Souuerain, & qu'au reste il n'a pas mis dans son esprit le dessein de la conqueste de tout le mõde sans l'inspiration de Dieu, & ne l'a pas executé auec tant de vertu & de bon-heur, sans la faueur & la conduite de celuy qui l'auoit expressément formé pour l'accomplissement des Propheties. En cette inegalité donc de la dignité de ces grands Roys, qui les fait tous de quelques degrez inferieurs à Dauid, dira-t'on que ny Cyrus, ny Nabuchodonosor, ny Alexandre, ny Darius, n'ayent point esté veritablement souuerains, & que les peuples sur lesquels ils ont dominé, ayent eu le droit de se les rendre sujets & iusticiables? A qui est-ce que cela tombera iamais en l'entendement, s'il lit tant soit peu attentiuement ce que la Parole de Dieu dit des deux premiers, & ce que les histoires disent des deux derniers, & de la majesté de leurs empires?

Il est vray que tous les Roys n'ont pas de si augustes enseignes de leur establissemẽt; mais tant y a qu'il conste clairement par là, qu'il y en a quelques vns que Dieu éleue si haut, que de penser seulement à les vouloir rabaisser sous la iurisdiction de quelque peuple, ou de quelque Magistrat

que ce ſoit, ce ſeroit vne eſpece de fureur, & vn manifeſte ſacrilege. Or c'eſt aſſez pour refuter les Independans, & ceux qui ſont de leur ſentiment, qui diſent qu'il n'y a point d'apparence que Dieu ait creé tant de Nations pour ſeruir à vn ſeul homme. Car ainſi ſe iuſtifie hautement ce que Dieu meſme dit par ſon Prophete; c'eſt qu'*il a* Ierem.
fait la terre, & les hommes, & les beſtes qui ſont 27. 5.
ſur le deſſus de la terre, par ſa grande force & 6. 7.
par ſon bras étendu, & qu'il la donnée à qui bon luy a ſemblé. En ſuitte dequoy il liure les Nations entre les mains ſoit de *Nabucodonoſor*, ſoit de quelqu'autre *ſien ſeruiteur, afin qu'elles luy ſoient aſſeruies.* Et cela eſtant ainſi, deſormais la queſtion ſi tels ou tels Roys ſont établis en leur Royauté par vne vocation ſemblable ou diſſemblable à celle des precedens, eſt vne queſtion d'hiſtoire, où ie ne voy pas que la diſtinction de la vocation immediate par l'autorité de la premiere cauſe ſeulement, ou de la mediate par l'entremiſe des ſecondes, non plus que celle de deuant ou d'apres le Nouueau Teſtament, ſoit tant ſoit peu conſiderable. Car Darius qui fut vaincu par Alexandre, n'eſtoit point venu au Royaume de Perſe d'vne façon plus certaine & plus authen-

tique, pour ce qui est de la vocation de Dieu, que le Roy d'Espagne & le reste de la Maison d'Autriche sont venus à la succession de leurs Estats patrimoniaux. Et toutesfois qui eust dit entre les Perses que Darius estoit iusticiable ou de ses Satrapes, ou de ses peuples, eust esté tenu pour vn insensé. Pourquoy donc estimeroit-on maintenant que le Roy d'Espagne ou l'Empereur le fussent de leurs Estats, ou des Gouuerneurs de leurs Prouinces? Alexandre & le feu Roy Gustaue Adolphe sont paruenus l'vn au Royaume de Macedoine, l'autre à celuy de Suede & de ces regions Septentrionales, par vn mesme tiltre de succession. Ils ont entrepris la guerre, l'vn contre l'Empire des Perses, l'autre contre la Maison d'Austriche, à peu pres sur mesmes droicts: celuy là, tant de son propre mouuement, que par le consentement de la Grece, qui luy defera le Generalat en cette expedition : celuy-cy par son propre ressentiment, & par le consentement des peuples Septentrionaux, qui y ont suiuy la fortune de ses armes: celuy-là incité par l'ancienne haine des Grecs contre les Perses, qui menaçoient continuellement & la liberté des Republiques, & les Estats

Estats des Souuerains : celuy-cy attiré par les anciens mécontentemens des Protestans contre la Maison d'Austriche, qui en vouloit de longue main à leurs franchises, & qui opprimoit leur Religion. Les mouuemens heroïques de ces deux Princes, & leurs vertus militaires, ont eu beaucoup de rapport ensemble, & hors le plus & le moins qui se peut remarquer en leurs exploits, leur passage dans les terres des ennemis, leur façon de faire la guerre, l'éclat extraordinaire de leurs victoires, la terreur qu'ils ont donnée de leur nom, & l'expectation merueilleuse qu'ils ont excitée dans les esprits, sur le succez de leurs entreprises, les ont en quelque sorte mis en paralelle. Et quant à ce qui est des propheties, il a esté vn temps que quelques vns estoiēt viuement persuadez que Gustaue Adolphe n'estoit pas moins né pour la destruction de la Maison d'Austriche & de l'Empire d'Occident, qu'Alexandre, fils de Philippe auoit esté suscité pour la ruine de l'Empire de l'Orient & de la domination des Perses. Si donc il y eust reüssi, comme en apparence il eust fait, s'il eust suruescu à la derniere de ses victoires, pourquoy pour estre venu du temps du Christianisme, eust il esté moins souuerain en ses conquestes qu'Alexandre, ou moins inuiolable en sa personne, & moins independant en son autorité? Et puis que la Loy de l'Estat admet en Suede le sexe feminin à la Royauté, pourquoy est ce que sa fille pour estre Chrestienne sera moins souueraine & moins inuiolable dans la succession de sa Couronne, & des pays qu'il a conquis, que les Capitaines d'Alexandre, qui n'estoient pas issus de son sang, & qui n'auoient pas si bien herité de ses vertus, ne l'ont esté chacun en la portion de ses Estats qui luy est demeurée en partage? Iustin rapporte que c'est d'vn certain Andragoras, gentilhomme Persien, lequel Alexandre le Grand établit au gouuernement de la contrée des Parthes, qu'ont tiré leur origine les Rois qui depuis ont dominé dans la mesme region. Or i'estime certes qu'au commencement de la predication de l'Euangile, il eust esté mal aisé de trouuer dans la succession de ce gentilhomme, des enseignemẽs plus expres de la vocation du Roy des Parthes, qui regnoit souuerainement en beaucoup des pays où les Chrestiens furent depuis dispersez, que le feu Roy d'Angleterre n'en auoit dans les histoires de Guil-

Iustin. hist. lib 12.

laume le Conquerant & dans sa succession continuée & non interrompuë depuis tant de siecles. Et si ce ne sont là des tiltres suffisans pour prouuer sa Royauté, ie ne sçay pas où il s'en trouuera pour quoy que ce soit de cette nature. Quant aux Empereurs Romains, on sçauoit fort bien l'origine & la naissance de leur domination. L'Estat de Rome estoit populaire, meslé de quelque temperament d'Aristocratie par la Magistrature des Consuls, & par l'autorité du Senat. Iules Cesar s'en voulut rendre Souuerain, & entreprit la guerre ciuile pour cela, où il reüssit selon son souhait, par la défaite de Pompée. Ce fut, à parler proprement, vne action de tyran, selon que les Grecs & les Romains auoient accoustumé de prendre ce nom, pour designer, non vn Roy legitimement établi, qui abuse de sa puissance à l'oppression de ses sujets, mais vn homme qui sans aucun droict attente à la souueraineté, & vsurpe la domination sur vne Republique libre. Ainsi appelloient ils Denys, tyran de Siracuse; & Iason, tyran de Pheres, & Agathocles tyran de Sicile, & Nabis tyran de Lacedemone, par ce que de personnes priuées, ils s'estoient eux mesmes faits Sou-

uerains ſans le conſentement de leurs citoyens. Auguſte ſucceda à la ſouueraineté de Rome encore plus iniuſtement que ſon oncle ne s'en eſtoit ſaiſi, & y paruint par des conſeils moins genereux, & par des actions plus ſanguinaires. A la verité quād il ſe fut rendu maiſtre de l'Eſtat, le peuple qui de fait eſtoit ſon ſujet, ſe rendit tel de droict, par la publication de la Loy Royale. Mais les ſucceſſeurs qu'il eut, regnerent comme les pires de tous les tyrans, & quād S. Pierre & S. Paul enſeignoient l'Euangile du Sauueur, Neron, le plus horrible monſtre du monde, eſtoit ſur le trône. Quels enſeignemens donc eſt-ce que ces deux diuins Apoſtres donnerent alors aux Chreſtiens? Car c'eſt de leurs inſtructions & non de celles des Independans, que nous auōs à tirer les regles de noſtre créance & de nos deportemens, pendant tout le
Rom 13 1.2.3. &c. cours du Chriſtianiſme. *Que toute perſonne* dit l'vn, *ſoit ſujette aux puiſſances ſuperieures: car il n'y a point de puiſſance ſinon de par Dieu: & les puiſſances qui ſont en eſtat ſont ordonnées de Dieu, & ceux qui y reſiſtent, feront venir condamnation contre eux meſmes. Partant il faut eſtre ſujets, non pas ſeulement pour l'ire, mais auſſi pour la conſcience.* Troueroit on

bien quelque difference entre ce ſtile là, & celuy des Prophetes en cette matiere? *Rendez vous*, dit l'autre, *ſujets à tout ordre humain pour l'amour de Dieu. Soit au Roy, comme à celuy qui eſt par deſſus les autres. Soit aux Gouuerneurs, comme à ceux qui ſont enuoyez de par luy.* Ces ſeruiteurs de noſtre Seigneur mettent ils quelque diſtinction en cet égard entre l'Egliſe Iudaïque & la Chreſtienne? Ou conſiderent ils diuerſement les vocations mediates & immediates des Souuerains, pour leur partager l'obeïſſance de leurs ſujets inégalement, à proportion de la difference qui ſe rencontre en la façon de leur inſtallation au Royaume? Et ſi lesChreſtiēs de leur temps ont eſté ſelon ces preceptes, obligez à s'aſſujetter aux puiſſances dont la vocation n'auoit rien qui ne fuſt ou commun & ordinaire, comme en ce qui eſt des Roys des Parthes, ou meſmes, ce ſembloit, tyrannique & vicieux, comme en ce qui eſtoit des Empereurs; pourquoy eſt ce que les Chreſtiens de ce temps icy ſe pretendront eſtre affranchis de la domination de leurs Roys, ſous ombre qu'ils n'ont pas eſté appellez à la Royauté par des viſions des Cieux, ou par des oracles? I'ay desja dit que preſque tous les Potentats qui sont au monde, ont eu leur Souueraineté, ou bien par le droict de conqueste, ou par celuy de succession, qui les met en la place des conquerans, ou par la soumission volontaire des peuples, qui leur ont remis toute leur liberté, & toute la puissance de leur gouuernement entre les mains. Dans ce dernier, dont les exemples sont plus rares, la voix du peuple ne doit elle pas estre comme la voix de Dieu, qui luy donne ces mouuemens, & qui le reduit à cette necessité de dependre de la volonté & de l'autorité d'vn Prince ? Et qu'y peut il auoir de mieux acquis que ce qui est deferé par le consentement vnanime de tous les ordres d'vne grande nation, qui a la puissance de disposer & de soy, & de ce qui la concerne ? Pourquoy ne sera-t'il pas permis à vn peuple de dire à vn seul homme ce que les Capoüans disoient autrefois au Senat Romain ; *Nous mettons entierement en vostre puissance, Messieurs, & la ville de Capoue, & le peuple de la Campagne, & les champs d'alenuiron, & les Temples de nos Dieux, & generalement tout ce que nous auons de droits tant és choses diuines qu'és humaines? Ce que nous souffrirons desormais, nous le souffrirons comme ceux qui se sont donnés*

it. liius, ib. 7.

à vous, pour estre en vostre pouuoir. Ainsi se donnerent les Falisques aux mesmes Romains, sans condition, sans limitation, & sans reserue; ainsi les Epidamniens à ceux de Corinthe; & y en a assez d'autres exemples dans les histoires. Tellement que ceux de Cappadoce, à qui les Romains voulurent autrefois donner liberté, & les affranchir de la domination de la Royauté, ne le voulurent pas; & dirent qu'ils ne pouuoiēt viure sans Roy; c'est pourquoy les Romains establirent Ariobarzane sur eux, apres les auoir ostez de dessous l'Empire de Mithridate. Dans le second, dont les exemples sont incomparablement plus communs, qui peut douter que les Princes Conquerans, qui se sont acquis la souueraincté par les armes, ne puissent laisser leurs successeurs de mesme condition qu'eux, de sorte que la posterité de leurs suiets obeïsse à la leur de mesme droit que ceux là qu'ils ont subiugués ont esté submis à leur puissance? Le droict de Seigneurie ne se transmet il pas des peres aux enfans comme les autres possessions, &, comme ie l'ay remarqué cy-dessus, cela ne se pratique-t'il pas selon le droict des Gens & la Parole de Dieu, en vne chose beaucoup plus odieuse &

Iustin lib. 38.

plus contre la Nature, qui est l'esclauage? Dans le premier, dont on a veu des exemples en tous temps, la victoire pleine & entiere obtenuë par vn Prince desia souuerain d'ailleurs, si principalement elle est confirmée par la possession non interrompuë de quelque temps, & autorisée par le serment de fidelité qu'il exige des peuples conquis, n'est elle pas vn Arrest assez exprés pour declarer la volonté de Dieu en sa faueur, & vne obligation assez sainte à ceux qui ont presté le serment, pour s'estimer inuiolablement assuiettis à l'obeïssance? Car n'y ayant point d'autre Iuge de rigueur pour les contestations des Souuerains, sinon Dieu, & Dieu n'y prononçant point autrement ses iugemens que par l'euenement des batailles, quand le Prince victorieux en a tant gaigné qu'il a mis fin à la guerre, & son aduersaire hors de combat, & qu'il a affermi sa conqueste, & obligé la conscience des hommes par la religion du serment, on luy est desormais aussi sujet, que si Dieu auoit reuelé ses intentions par des oracles. C'est pourquoy les Apostres qui voyoient & la domination des Empereurs, & le Royaume des Parthes estably comme ie l'ay representé, donnent sans circuit & sans hesitation, ces commmandemens ainsi précis, de leur rendre en conscience, & pour l'amour mesme de Dieu, vne obeissance toute entiere.

Ie sçay bien qu'on fait souffrir diuers tours de gesne à ces passages, pour en éneruer la vigueur. On distingue entre la sujetion des particuliers, & celle des peuples entiers : entre les conseils de prudence, que les Apostres donnoient aux fidelles, à cause de l'estat de l'Eglise & de la condition des temps, & le droict qui est naturellement acquis à tous les hommes, soit de conseruer leur liberté, soit de s'en remettre en possession, quand on l'a perduë. Mais pour ne m'arrester pas long temps sur la subtilité de ces distinctions, ie diray que la derniere nous conuertit les Apostres de Iesus-Christ en des Politiques matois, qui au lieu de former de bons Chrestiens, taschent à faire des fourbes & des hypocrites. Quoy? Pour dire qu'il falloit faire les chatemites deuant les Roys & les Empereurs, en attendant le temps de les depossеder de leurs Trosnes, & de les décapiter, estoit il necessaire d'exhorter à leur obeïr *pour l'amour de Dieu*, & *à cause de la conscience*, parce que c'est Dieu qui a ordonné les Puissances, &

qui les a mises en estat ? Et si ç'a esté là l'intention des Apostres en ce qui regarde la sujetion aux Roys & aux Empereurs, quelle interpretation donnerons nous aux exhortations qu'ils font aux seruiteurs de rendre obeïssance à leurs Maistres ? *Vous serui-*
1. Pier. 2. 18. *teurs*, dit S. Pierre, *soyez sujets en toute crainte à vos Maistres, non seulement aux bons & equitables, mais aussi aux fascheux. Car cela est agreable si quelqu'vn à cause de la conscience qu'il a enuers Dieu, endure fascherie, souf-*
Ephes 6. 6. 7. *frant iniustement. Seruiteurs*, dit S. Paul, *obeïssez à ceux qui sont vos Maistres selon la chair, auec crainte & tremblement, en la simplicité de vostre cœur, comme à Christ. Non point seruans à l'œil, comme voulans complaire aux hommes, mais comme serfs de Christ, faisans de courage la volonté de Dieu.* Parce que la seruitude des Esclaues à l'égard des Maistres, est de beaucoup pire & plus insupportable que la sujetion des sujets à l'égard des Souuerains ; comme il est plus naturel, il est aussi plus raisonnable que les Esclaues gardent inuiolablement leurs inclinations à la liberté, que non pas que les sujets se soustrayent à la puissance de leurs Princes. Si donc nous en croyons ces bons interpretes, les Apostres n'ont rien voulu

dire par ces aduertissements, sinon qu'il faut que les Esclaues coulent le temps, & dissimulent le plus doucement & le plus finement qu'ils pourront, iusques à ce qu'ils ayent trouué le moyen de se r'allier, & d'élire quelque Spartacus pour Chef, afin de couper la gorge à leurs Maistres. Ne faut-il pas auoir perdu ou le sens ou le front, pour faire de tels Commentaires sur l'Ecriture? Quant à la premiere de ces distinctions, ie sçay bien que de grands personnages s'en sont seruis, & qu'en l'abus de la puissance des Roys, ils disent qu'il faut auoir recours ou à l'assemblée des Estats du pays, afin de la reprimer, ou aux Magistrats populaires, s'il y en a quelques vns, tels qu'estoit autrefois les Ephores à Lacedemone. Si ceux qui parlent ainsi le disoient seulement des pays dõt la Loy fondamentale veut que le gouuernement y soit meslé, cõme estoit celuy de Sparte, ils seroient moins éloignez de l'apparence de la raison. Mais en le prononçant vniuersellement de tous les Estats Monarchiques, & de toutes sortes de Potentats, mesmes de ceux qui sont estimez les plus absolument souuerains, comme estoient les Roys des Parthes, & les Empereurs Romains, il me semble qu'ils n'ont pas assez bien consideré ny l'intention des Apostres, ny l'absurdité de ce qu'ils mettent en auant, ny les pernicieuses consequences qui s'en ensuiuent. Non l'intention des Apostres premierement. Car ils ont eu pour but de donner aux deportemens des Chrestiens des reigles qui fussent constantes & perpetuelles, qui missent leurs consciences en repos, & qui formassent en leurs cœurs vne sanctification digne de la profession du Christianisme. Or selon l'exception de ceux qui distinguent ainsi, ces reigles sont pour varier à toutes occasions, & pour mettre les consciences des fidelles en suspens, en les tenant balancées entre le respect à l'autorité des Roys, & les entreprises des peuples ou des Magistrats de leurs Royaumes. Que dis je, les mettre en suspens ? Cette doctrine est pour les enlacer le plus souuent en de perilleuses desobeïssances. Car il est malaisé que les Souuerains n'abusent quelquesfois de leur puissance : & l'est encore plus d'empescher le peuple de se plaindre de leur gouuernement, quand ils n'en abuseroient pas ; sans conter qu'il se trouue tousiours des Grands mescontens, qui sous pretexte du bien public, & de la reformation de l'Estat, leuent l'enseigne à la rebellion, & conçoiuent de mauuais desseins contre les Princes. Et ie m'en rapporte à la conscience de chacun, si ceux qui sont imbus de ces opinions, n'ont pas tousiours l'œil ouuert & l'esprit attentif à toutes sortes de mouuemens, & s'il n'est pas vray qu'encore que pour *la crainte de l'ire*, & des ressentimens du Prince, ils ne se declarent pas, ils fauorisent en l'interieur les souleuemens des peuples, & les entreprises des Grands, contre la puissance ordinaire & le gouuernement des Royaumes. Cela donc s'accorde-t'il auec le commandement de s'assuiettir aux Roys *pour l'amour de Dieu*, & de respecter leur autorité *à cause de la conscience*? & si nous sommes vne fois persuadez que le deuoir enuers le Prince est suiet à de telles restrictions, & qu'il nous soit permis de nous en émanciper à toutes les fois que nous en penserons auoir quelque legitime suiet, qui doute que les mouuemens de la nature, & l'impatience du ioug, & la fierté de l'esprit humain, & l'auarice, & l'ambition, & le desir de profiter des diuisions du public, & les autres interests de cette sorte, ne nous fassent tous les iours trouuer des suiets de remuer, qui nous paroiſtront legitimes ? Ils ne conſiderent pas auſſi l'abſurdité de ce qu'ils mettent en auant. Car s'il eſt permis d'éluder ainſi la puiſſance Royale, en diſant, qu'il n'y a que les particuliers qui ſoyent tenus de luy obeïr, il ſera permis d'éluder de la meſme façon l'autorité des Senats dans les Ariſtocraties. Pourquoy le corps de tout vn grand peuple ſera-t'il pluſtoſt ſujet à vn petit Senat, qu'à la puiſſance d'vn Monarque ? Que ſi le peuple conſideré en general, n'eſt point ſujet dans les Ariſtocraties au Senat, ny au Roy dans les Monarchies, il faut qu'il leur ſoit ou egal ou ſuperieur en autorité. S'il eſt ſuperieur, il n'y a, comme i'ay deſia dit, ny Monarchies, ny Ariſtocraties au monde, qui puiſſent meriter ce nom, & n'y a point d'autre forme de gouuernement abſolument ſouuerain, que le populaire. Les Senats dans les Ariſtocraties ne ſeront ſinon vn Conſeil du peuple, qu'il aura inſtitué, & qu'il pourra deſtituer à ſa volonté. Les Roys dans les Monarchies ne ſeront ſinon des Magiſtrats ſubalternes à la puiſſance du peuple, qu'il aura mis ſur le trône, & qu'il en fera deſcendre toutes les fois qu'il luy plaira. Ce qui ne s'accorde pas auec ce que la Parole de Dieu nous enſeigne tant de l'établiſſement des Roys, que des gouuernemens Ariſtocratiques, comme ie l'ay rapporté cy-deſſus, ſans que ie repete rien icy ny du conſentement general des Nations, ny du commun aduis de tous les bons politiques. S'il eſt ſeulement égal, nous retournerons à cet inconuenient ou de voir deux puiſſances egales perpetuellement aux priſes par la ialouſie du gouuernement, ou de voir ſuccomber l'vn des partis, & l'autre s'éleuer à vne abſoluë ſouueraineté, par l'auantage de la victoire. Ce qui paroiſt par l'experience des affaires d'Angleterre, ou la pretention de l'égalité de la puiſſance entre le Roy & le Parlement, a produit la guerre ciuile premierement, & puis apres la ruine du Roy, & le renuerſement du Royaume. En quelque autre lieu peut eſtre, ou les armes auront vn autre ſuccés, l'auantage de la victoire, ioint auec l'irritation que cauſe la rebellion, ſera l'occaſion de cõuertir le gouuernement Royal, en deſpotique ou ſeigneurial, & de faire que ceux qui eſtoient auparauant traittés comme ſujets, le seront à l'auenir comme eſclaues. Encore cette opinion ne laiſſera-t'elle pas meſmes les Eſtats populaires en repos, ſi ce n'eſt qu'on les reduiſe tous au petit pied, pour faire de chasque ville, ou de chasque Republique tout au plus, vne petite Republique Souueraine. Car s'il n'y a eu que les particuliers sujets à la puissance des Empereurs depuis l'établissement de leur domination, pourquoy est-ce que durant le temps de la Republique, le corps general de l'Empire estoit sujet au gouuernement du peuple Romain? Quelle folie estoit-ce à luy de reconnoistre les Romains pour ses dominateurs, & que ne se liguoyent ensemble tant de puissantes nations pour secoüer le ioug d'vne seule ville? Et posé le cas que l'Estat d'Angleterre soit vne Republique populaire maintenant, & que l'Irlande luy soit sujette de droit, comme les Independans le pretendent, cette sujetion, selon ces maximes, regardera bien les particuliers de la Nation; mais quelle apparence, qu'elle oblige la Nation mesme en corps à dependre des ordres de l'Angleterre? En Angleterre mesme, si le Parlement s'attribuë l'autorité de commander, il n'y aura que les particuliers qui soient tenus de s'y assuiettir; tout le corps de l'Estat sera bien fondé à luy refuser l'obeissance. Tellement que pour en dresser vn Estat bien & iustement composé, il faut faire de chasque Prouince

uince vne Republique souueraine en ce qui sera de son destroit, qui gouuerne ses affaires à la pluralité des voix, comme on faisoit dans les Democraties autrefois; & qu'elles toutes puis apres s'allient ensemble en vn mesme corps, comme ont fait les villes & les Prouinces des Pays bas, & les treize Cantons de Suisse. Or s'il faut que tous les Estats de la Chrestienté se forment sur ce type là, nous ne sommes pas au bout ny des guerres estrangeres, ny des confusions intestines. Et si les peuples se mettent en effort de se reduire à cette forme de gouuernement, asseurément Dieu a permis à quelque demon ennemy du genre humain, de se saisir de leurs esprits, pour remplir tout le monde de seditions, & pour le deserter entierement par les guerres & par les carnages. En fin, ils ne regardent pas aux autres pernicieuses consecuences qui naissent de cette opinion. Car quand il y aura quelque mécontentement du gouuernement des Princes, ce que la necessité de leurs affaires, & l'infirmité de leur nature, & le vice de leurs Ministres, & les artifices de leurs Grands, & l'impatience de leurs peuples, rend ineuitable en tous temps, quel remede legitime y peut il auoir selon ces maximes, sinon dans le souleuement de la nation en corps, ou au moins du plus grand nombre de ses Magistrats & de ses parties ? Et si le Prince vient à resister au souleuement, & à empescher l'efficace du remede, qui ne void qu'en l'empeschement donné à l'ordre public, arresté & opprimé par le plus puissant, chaque particulier s'estimera autorisé à mettre bas le respect vers le Souuerain, pour la deffense de la commune liberté, & pour le salut de sa Patrie ? Or quand vne fois on aura receu cette impression, qu'en telles occasions tout homme est soldat, ne se trouuant en toutes Nations que trop de gens entreprenans & audacieux, en l'esprit de qui la temerité & la felonnie passe pour zele du bien public, il n'y a sorte d'attentat qui ne soit à redouter pour la personne des Princes. De sorte que la condition d'vn Souuerain, & celle d'vne victime que l'on couronne pour l'immoler, seroient à peu pres vne mesme chose. Et certes ces épouuantables parricides que l'on a veu commettre depuis soixante ans en la personne de deux de nos Roys, n'ont point esté entrepris qu'en consequence de ces maximes. Tellement que pour y obuier, &

pour euiter les confusions ausquelles les Estats seroyent perpetuellement exposés, il est absolument necessaire qu'il y ait en chacun d'eux vne souueraine autorité, de la volonté de laquelle depende le gouuernement; & que comme dans les Democraties il n'est pas permis d'appeller du peuple à la puissance du Senat, & dans les Aristocraties il n'est pas permis d'appeller du Senat à la puissance du peuple ; il ne soit pas permis non plus dans les Estats Monarchiques, d'appeller du Monarque à la puissance soit du peuple, soit du Senat. Ie n'ignore pas les inconueniens qui peuuēt naistre, & qui naissent quelquesfois effectiuement de cette absolue autorité des Monarques, & sçay qu'il y en a qui en abusent à l'oppression de leurs sujets. Mais les Senats dans les Aristocraties abusent aussi de la leur, & les peuples pareillement dans les Republiques Democratiques ; & toutesfois on ne laisse pas de la leur attribuer sans reserue, sur ceux qui leur sont assujettis. Les peres abusent quelque fois de la puissance que la nature leur a donnée sur leurs enfans, & encores plus les Maistres de celle que le droit des Gens leur donne sur leurs esclaues. En vn mot il n'y a point d'ordre au monde qui n'ait ses incommoditez. Mais il n'y a ny incommodité ny inconuenient à comparer à celuy de permettre aux seruiteurs de mettre la main sur leurs Maistres; ou aux enfans d'entreprendre sur la personne de leurs peres; ou aux particuliers de secoüer le ioug de l'obeïssance du public, & aux sujets d'attenter à la souueraineté & à la majesté de leurs Princes. Au fonds il ne s'agit pas icy d'examiner bien particulierement les commoditez ou les incommoditez qui naissent de tel ou de tel établissement: il s'agit du deuoir d'vn homme Chrestien, & du sens du precepte des saincts Apostres. Or si vous regardez à leur conuersation, & au genie de la religion qu'ils enseignoient, vous trouuerez qu'ils ont tellement partagé les choses, qu'ils ont laissé la disposition de celles de cette vie aux puissances souueraines, que Dieu a establies au monde sous quelque forme que ce soit, & qu'ils ont reserué la seule conscience à Dieu, pour y regner absolument par la verité de son Euangile. Icy, quand les Souuerains ou leurs Ministres entreprennent quelque chose contre la verité du Sauueur, ils font gloire de leur resister: là, quand les Souuerains ou leurs Ministres font quelque chose contre la iustice & contre l'humanité, ils se souuiennent de l'exemple de leur Maistre, qui ne s'est du tout point meslé du gouuernement public, & en se rapportant des excés des hommes au seul iugement de Dieu, ils se glorifient en l'obeïssance. De sorte que ie m'estonne que ceux qui font profession d'estre nourris dans leur discipline, interpretent leurs paroles autrement, & en peruertissent le sens par cette sorte de Commentaires. Certes s'il y auoit dans l'esprit des hommes autant de patience & de sousmission à la volonté de Dieu, que le Christianisme en requiert, & si la fierté & l'impatience de tout legitime gouuernement, y estoit moindre qu'elle n'est naturellemẽt, des enseignemens & des commandemens si clairs n'auroient point besoin de Commentaire. Que s'il y en estoit besoin, d'où le pourroit on mieux tirer que de la pratique des premiers Chrestiens, qui auoient esté arrousez du sang de nostre Seigneur Iesus, comme il estoit encore tout chaud, & illuminez de son esprit lors qu'apres son Ascension il en fit si grande largesse sur son Eglise? Car qui ne sçait que par l'espace de trois cens ans ils ont souffert toutes les cruautez & toutes les barbaries imaginables sous la domination de diuers Princes, dont ils ont assouui l'inhumanité, & lassé mesmes les bourreaux, sans qu'ils se soit iamais veu ny soulleuement de la part des peuples, ny conspiration de la part des particuliers, ny la moindre rebellion de la part des Capitaines & des gens de guerre, quoy qu'ils ayent esté quelquesfois & si autorisez & en si grand nombre, qu'ils estoient capables s'ils eussent voulu, de faire & de défaire les Empereurs ? Ce qui a deu rauir les hommes en admiration de la diuinité de l'Euangile du Sauueur, qui a plus gagné de pays par ce moyen-là, & s'est planté plus auant dans les esprits, que n'ont fait les armes des grands Conquerans, & que le Iudaisme mesme n'a fait au commencement auec la magnificence de ses miracles. Depuis, les Empereurs estans deuenus Chrestiens, les fidelles les ont tousiours respectez comme vne seconde espece de Diuinité, iusques à ce que les Papes s'en sont fait accroire. Mais cette doctrine ayant vne fois commencé à prendre quelques racines dãs les cœurs; Que les Euesques de Rome ont vne dignité qui les éleue au dessus des Roys, & qui leur donne la puissance de les excommunier, de mettre leurs Royaumes en interdit, & de deslier le nœud du serment de fidelité que les sujets leur doiuent, on a eu la majesté des Roys à mespris, d'où sont venuës les rebellions des peuples entiers, les complots des particuliers, & les parricides, comme i'ay dit, effectiuement executez en la personne des Monarques. Et iusqu'icy il n'y auoit eu quasi que quelques Iesuites, dont l'ordre semble s'estre deuoüé d'vne façon plus aueugle que n'ont iamais fait aucuns autres, à l'agrandissement de l'autorité du Pape, qui eussent soutenu les maximes d'où nous auons veu germer des attentats si prodigieux. Mais en ce malheureux temps la semence en a pullulé, & s'est prouignée dans les esprits qui en deuoient estre les moins susceptibles. Car ceux qui se sont separez de la communion de Rome, du nombre desquels les Independans se disent estre, sont ceux qui ont combattu cette puissance des Papes le plus fortement, & qui par consequent deuoient moins consentir aux consequences qui en dépendent.

Mais pour retourner desormais à mon propos, tant s'en faut que la distinction que l'aduenement de Christ a mise entre les

temps de l'ancienne & de la nouuelle alliance, affoiblisse ce que i'ay dit cy-dessus de l'autorité des Roys, qu'au contraire elle en releue d'auantage la majesté, & fait voir encore plus clairement qu'elle est d'origine celeste. Parce que l'établissement de nostre Seigneur Iesus, pour estre Roy de tout l'vniuers en la place de son Pere, manifeste beaucoup plus hautement sous le Nouueau Testament, qu'il ne l'a esté sous l'Ancien, que c'est Dieu qui regne sur toute la terre: & que d'ailleurs le soin que ce bon Seigneur prend de la conseruat..n de son Eglise icy bas, requiert en quelque façon de sa part vne plus grande attention qu'autrefois à pouruoir aux puissances dont elle doit ou receuoir la protection, ou redouter les attaques. Car pour ce qui est du premier, l'Ecriture enseigne bien disertement que Dieu regnoit sur le monde auant l'aduenement de Christ, & qu'il disposoit des Monarques & des Monarchies. Mais neantmoins quãd
Ps. 97. 1. Dauid s'écrie ainsi du regne de Iesus Christ; *l'Eternel regne; que la terre s'en egaye.* Et de-
Ps. 98. 1. rechef; *l'Eternel regne; que les peuples tremblent:* que veut dire cela sinon qu'en comparaison de ce regne du Mediateur, à peine l'autre estoit-il reconnoissable? Puis, di-je,

que Dauid parle en ces lieux là de l'aduenement de Christ, comme si lors l'Eternel eust deu commencer à regner, ne faut-il pas qu'il ait preueu en cela quelque chose de singulier, qui ne se remarquoit point auparauant dans la conduite de la Prouidence? Et quoy que ce regne du Messie regarde son Eglise d'vn soin merueilleusement special, qui doute qu'à cause d'elle il ne concerne toute la terre? Quant au second, n'y eust-il que le tiltre de *Roy des Roys*, *& de Seigneur des Seigneurs*, qui est donné à nostre Seigneur, comme si c'estoit son propre nom, il paroistroit par là qu'il a pour le moins autant de soin de donner des Roys & des Seigneurs à chaque partie de l'Vniuers, & à son Eglise nommément, que les bons Roys ont de donner des Gouuerneurs & des Magistrats à leus sujets, en chaque Prouince de leur Royaume. Car comme à peine vn Monarque peut-il remplir toute la dignité de ce nom de Roy, s'il ne pouruoit à l'establissement de ces puissances subalternes auec soin; à peine nostre Seigneur égaleroit il celle de ce nom de Roy des Roys, s'il n'auoit vn soin special de l'establissement des souueraines. Mais le gouuernement de son Eglise l'y oblige d'vne façon particuliere.

Apoc. 19.16.

Parceque l'Eglise estant comme elle est, dispersée pour la pluspart dans les terres des Princes éloignez de la cognoissance de sa verité, & par consequent enclins à la persecuter, comment la garantiroit il de leur persecution, s'il ne les choisissoit luy mesme de sa main, & s'il ne presidoit dans leurs esprits & sur leur conduite ? Et le reste de ses fidelles estant sous la domination des Roys Chrestiens, comment executeroit-il les promesses qui ont esté faites à l'Eglise, que les Roys seroient quelque iour ses nourriciers, s'il ne les trioit encore auec plus d'égard & de circonspection, & s'il ne leur inspiroit tous les iours les mouuemens necessaires pour le repos de son peuple ? En fin, le gouuernement du reste de la terre habitable ayant esté mis entre ses mains, afin d'entretenir la societé des hommes, & d'y conseruer la semence des élous, pour les faire éclorre chacun en son temps, comment entretiendroit il cette societé comme il faut, s'il ne donnoit ordre bien soigneusement à l'installation des puissances qui la gouuernent ? Quand donc il arriue que nostre Seigneur donne vn bon Prince à vne Nation, c'est comme quand le Roy donne vn bon Gouuerneur à vne Prouince, qu'il veut traitter fauorablement. Quand il permet qu'il en regne vn mauuais, c'est comme quand vn bon Roy laisse vn Gouuerneur rigoureux dans vne Prouince, dont le peuple a besoin qu'on luy tienne la bride courte, & qu'on le gouuerne vn peu rudement. Comme donc lors qu'vne Prouince a vn Gouuerneur fascheux, elle a recours au Souuerain par tres-humbles supplications, & quelque importune que soit sa condition, si elle entreprend de le chasser, ou si elle met la main sur luy, elle tombe dans le crime de felonnie, d'autant qu'elle a deu attendre l'ordre de celuy qui l'a établi; ainsi lors qu'vn Royaume a vn Prince qui mal-traitte ses sujets, il doit recourir à Dieu par ses prieres & par ses larmes; & quelque intolerable que soit son regne, si le peuple entreprend de l'arracher de son trône, il tombe dans le crime de rebellion, d'autant qu'il a deu attendre que le Souuerain des Roys y pourueust. Or arriue t'il quelquesfois que les Roys n'écoutent pas les plaintes de leurs sujets en telles occasions, soit pour maintenir leur autorité, ou par quelqu'autre raison d'Estat, ou mesmes parce qu'vn Gouuerneur rigoureux est vn bon instrument de la tyrannie. Mais quant

à Dieu il écoute tousiours les plaintes des peuples quand elles sont iustes, & ne manque iamais de leur enuoyer soulagement lors qu'il en est temps. Le mal est qu'ordinairemẽt au lieu de porter patiẽment l'affliction d'vn rude gouuernement, ils s'impatientent & murmurent; & que voulãs secoüer le joug, ils l'aggrauent de plus en plus. Parce qu'ils ont recours à des moyens que Dieu leur a defendus, & qu'à cette cause il ne benit pas; & qu'ils n'ont pas recours à luy comme ils deuroient, non plus que s'il ne se mesloit du tout point de l'administration des choses du monde.

Quant à ce que les Independans disent des predictions des Prophetes, ie ne sçay pas de quel esprit ils sont menez, mais tant y a que leurs interpretations ne conuiennent pas aux Propheties. Le Psalmiste dit au Pseaume CXLIX. *Que les bien-aimez de l'Eternel auront les exaltations du Dieu fort en leur gosier, & des espées affilées à deux tranchans en leur main, pour faire vengeance entre les Nations, & chastiment entre les peuples. Pour garrotter leurs Roys de chaisnes, & les plus honorables d'entr'eux de ceps de fer. Afin qu'ils fassent d'eux le iugement qui en est écrit.* Premierement, s'ils appliquent cela à l'execution qu'ils ont faite en la personne de

leur Roy, la passion les aueugle. Car de quelque sorte de Roys, & de quelque nature de vengeance qu'il soit question en cet endroit là, le Prophete dit que les debonnaires de l'Eternel feront iugement des Roys des peuples & des Nations, c'est à dire, des Roys leurs ennemis, & non pas de leurs propres Roys, à qui ils doiuent obeïssance. Quelle fureur est-ce là que pour executer les iugemens de Dieu sur les Roys ennemis de son peuple, on commence par les Monarques Chrestiens, & Reformez entre les Chrestiens, à qui on a serment de fidelité, qu'on doit respecter comme Roys, & aimer comme protecteurs & nourriciers de l'Eglise? Apres cela veu que la pluspart des promesses faites à l'Eglise ancienne, contiennent des choses spirituelles, quoy qu'elles soient enoncées en termes qui en representent de corporelles, selon la condition des temps d'alors, quelle certitude ont ces gens que le sainct Esprit n'a point en ces endroits-là suiui vne methode qui luy est si ordinaire? Pourquoy n'interpreterons nous pas cela de la victoire que nous remportons sur le peché & sur le Malin, qui sont les chefs de tous nos ennemis spirituels, comme nous rapportons

ce qui est dit de la magnificence temporelle du regne de Christ, aux graces spirituelles qu'il nous communique par l'Euangile? Quand il y auroit quelque raison particuliere d'interpreter cela litteralement, pourquoy n'auroit il pas égard à diuerses victoires & à diuerses deliurances temporelles que l'Eglise a obtenuës sous la conduite des Roys & des Empereurs Chrestiens? Quand cela regarderoit plus loin, & qu'il concerneroit vne plus glorieuse reuelation du regne de Christ, que celle qui nous a esté faite iusqu'à maintenant, pourquoy ne l'entendrions nous pas de la gloire de son second aduenement, où les fidelles doiuent triompher, & où leurs ennemis, grands & petits, Roys & sujets, Gouuerneurs & peuples, se doiuent voir couuerts de confusion, & receuoir la punition qu'ils meritent? En fin, quand auant ce second & glorieux aduenement, nostre Seigneur, comme ces gens se l'imaginent, deuroit establir son regne de quelque façon particuliere en la terre, à quoy cette Prophetie auroit égard, pourquoy ne deurions nous pas plustost esperer que les bien aimez de l'Eternel iront sous la conduite de leurs propres Roys, choquer les peuples & les Roys leurs ennemis, que non pas qu'ils entreprendront sur les personnes de leurs Souuerains, pour y commettre ces horribles barbaries? Car encore que de Roy à Roy, & de Souuerain à Souuerain on a accoustumé d'vser de la victoire plus ciuilement que de faire perdre la vie aux vaincus, si est-ce que cela s'est fait quelquesfois, & qu'on ne l'a pas trouué si extraordinairement estrange. Parce qu'estans égaux auant le combat, la victoire attribuë de la superiorité au vainqueur, qui semble luy donner à peu pres le mesme droit sur le vaincu que les personnes particulieres ont les vnes sur les autres en pareilles occurrences. Encore cela ne s'est il pratiqué que par les Princes qui ont eu quelque extraordinaire ferocité, ou par les Roys & les peuples Conquerans, tel qu'estoit le peuple Romain, qui ont creu auoir dans la grandeur de leur empire quelque supereminence de grandeur & de majesté. Tant y a que comme Dieu l'a fait pratiquer contre quelques ennemis du peuple d'Israël, s'il en donnoit le commandement & l'autorité aux Roys Chrestiens, qui combattroient contre les ennemis de la Foy, cela ne deuroit pas estre trouué si farouche. Mais il en faudroit auoir quelque commandement bien expres, & ne se contenter pas de fonder ce droit sur l'interpretation des Propheties. Car les Propheties ont esté données pour la prediction des euenemens, & non pour seruir de reigle aux actions & aux deportemens des hommes.

Pour le regard de ce qu'ils disent *que la grandeur des Royaumes sera donnée au peu-*
Dan. 7. 27. *ple des Saincts du Souuerain*, qui eust iamais creu auant que les Independans l'eussent ainsi interpreté, que ce passage eust signifié qu'ils couperoient la teste à leur Prince? Certes ie ne voy pas pourquoy cela ne pourroit pas estre expliqué du Royaume qui doit suiure le dernier aduenement de Christ, où se trouuera l'entier accomplissement de toutes les predictions des Prophetes. Car l'estat des fidelles en ce temps là est ordinairement nommé vn Royaume; où il est dit que nous serons assis en mesme trône auec nostre Seigneur Iesus Christ; que nous dominerons sur les Nations auec vne verge de fer, que nous iugerons les Anges, que nous aurons tout le monde sous les pieds. Pourquoy donc n'auroit-il pas esté dit de cet estat là, que nous y iouïrons

rons des dépouilles de la grandeur des Royaumes de la terre ? Ie n'ay encore peu gouster l'opinion de ceux qui ont tasché de ressusciter la doctrine des anciēs Chiliastes, touchant l'établissement du regne de nostre Seigneur icy bas, quoy qu'ils la proposent d'vne façon vn peu plus tolerable & moins scandaleuse. Ie ne voy pas comment cette grande prosperité, & cette profonde paix qu'ils promettent à l'Eglise de Dieu pour l'espace de mille ans, s'adiuste auec la denonciation que Christ nous a faite d'vne perpetuelle subiection à sa Croix si nous voulons estre ses Disciples. Ie ne comprens pas comment cela s'accorde auec la dispensation de l'Euangile en la proposition des motifs de nostre sanctification; veu qu'ils éleuent tous nos ames au Ciel où est nostre Seigneur Iesus Christ, au lieu que cette opinion les rameine vers la terre. Ie ne puis conceuoir comment l'Ecriture nous apprenant que nous ne deuons pas moins estre conformés à Iesus-Christ en la souffrance de ses afflictions, qu'en la participation de sa gloire, cette économie changera tellement alors que sans gouster de ses tribulations, les fidelles serōt si long temps iouïssans de la paix & de la felicité de son

L

Royaume. Ie ne reconnois pas en cela l'air de la predication de S. Paul, qui fait par tout vn si grand effort à retirer les fidelles de la consideration & de l'esperance de toutes les choses de la terre, pour les induire à mettre leur attente dans la possession de celles du Ciel. Enfin, ie ne sçay pas, quand ce regne de Iesus-Christ, tel que ces Messieurs se le proposent, sera venu, que deuiendrōt tant d'exhortations qui nous sont faites à nous reconnoistre morts quant aux choses de ce monde, & à chercher nostre contentement & nostre vie là haut, où elle est cachée auec Iesus-Christ en Dieu. Car si maintenant que nous souffrons tant d'incommoditez & d'afflictions en cette vie, nous auons neantmoins tant de peine à en détacher nos esprits, que sera-ce quand les fidelles auront icy bas tout à souhait, comme s'ils auoient esté restablis dans le Paradis terrestre? Alors certes n'auront-ils garde de dire, *Ie desire de desloger* de ce corps mortel, *& d'estre auec Iesus Christ*, puis qu'ils pourront estre auec Christ sans déloger de ce corps mortel: beaucoup moins

Rom. 5 se glorifieront ils comme sainct Paul *en leurs tribulations, d'autant que la tribulation produit patience, & la patience épreuue, & l'é-*

preuue esperance, puis que n'y ayant plus de tribulations, il n'y aura plus de patience non plus, ny d'épreuue de la vertu de l'Esprit de Dieu, ny d'esperance qui en germe, & qu'il faudra ou que l'esperance s'éteigne en eux par l'accomplissement de leurs souhaits & par la iouissance de leur felicité, ou qu'elle se produise d'ailleurs que de l'experience qu'ils feront de la grace de Dieu en leur constance. Neantmoins posons le cas que l'Eglise de Dieu se doiue attendre icy bas à quelque tel regne de prosperité, tant y a que Daniel ne le nous promettroit là qu'apres la destruction de l'Antechrist, comme il est clair par ce qui precede. Car apres auoir dit qu'il s'éleuera quelcun *qui proferera paroles contre le Souuerain, qui minera les Saincts du Souuerain; qui pensera pouuoir changer le temps & la Loy, & que les Saincts seront liurez en sa main iusques à vn temps, & des temps, & à la moitié d'vn temps*: Le Prophete adiouste: *Mais iugement se tiendra, & on ostera sa domination, en le détruisant, & le faisant perir iusqu'à en voir la fin; A ce que le regne & la seigneurie, & la grandeur des Royaumes soit donnée au peuple des Saincts du Souuerain: duquel peuple le Royaume est vn Royaume eternel, & que toutes les seigneuries luy seruiront & obeiront*. Quand, di-je, donc ces paroles auroient esté prononcées, non de ce Royaume celeste & eternel que l'Eglise de Dieu espere depuis le commencement, quoy qu'elles y semblent assez claires, mais de ce regne de mille ans, sur lequel il y en a quelques vns qui ont maintenant les yeux & les esprits perpetuellement tendus, tousjours faudroit il attendre que nous vissions cette destruction entiere de l'homme de peché, apres quoy nous serions venus assez à temps pour expliquer & demesler l'obscurité de cet oracle. Et veritablement ie ne sçay à quelles marques on peut reconnoistre les approches de ce regne de Iesus-Christ, & de la ruine de son ennemy, pour precipiter ainsi ses actions & ses pensées. Si le regne de Christ consiste en l'éclaircissement & en la connoissance de sa Verité, les tenebres de l'ignorãce sont elles moins épaisses qu'elles n'estoient cy deuant dans les autres Communions de ceux qui se disent Chrestiens? ou la lumiere de l'Euangile est elle plus claire dans la profession Protestante & Reformée? S'il consiste en la vraye sanctification, & dans la possession des vertus du Christianisme, y auons-nous beaucoup auancé depuis le commencement de la Reformation, ou si les enfans ont degeneré de l'integrité de leurs peres? En fin, s'il consiste en la paix & en la tranquillité, non de l'esprit, mais de la chair, (quoy que ce n'est pas de l'Euangile du Sauueur qu'on a tiré cette deffinition de son regne) y a t'il moins que par cy-deuant de troubles & de diuisions en l'Europe? Car quant à ce qu'ils veulent faire passer l'estat present de l'Angleterre, pour vn commencement de la manifestation de ce regne, qui se doit auec le temps étendre beaucoup plus auant, nous auons plustost à prier Dieu qu'il l'étouffe dés en naissant, que non pas qu'il continuë à le manifester de la sorte. La confusion que ces gens veulent introduire au gouuernement de l'Eglise, le meslange de tant de sectes & d'heresies dont ils y laissent soüiller la pureté de l'Euangile, & corrompre la Religion, la porte qu'ils ouurent toute grande aux fureurs des enthousiastes, & aux grotesques de leurs reuelations, & la licence qu'on s'y donne de commettre des crimes horribles, parce que l'Independance est mere de l'impunité, nous donne de tres-mauuais preiugez contre les progrés d'vn dessein dont les auances sont si scandaleuses. Et pour ce qui est de la paix dont on y iouit maintenant ; ie ne me mesle point de deuiner, mais ie suis le plus trompé homme du monde si elle est durable. On ne s'accordera pas long-temps au partage de la dépouille d'vn grand Roy, & sera bien mal aisé de tenir diuerses testes vnies à porter vne couronne. Mais quoy qu'il en soit, i'estime que s'il y a quelque regne temporel de Iesus Christ à esperer icy bas, soit qu'il arriue deuant, ou qu'il se manifeste apres la parfaite abolition de l'Antechrist, il y a beaucoup plus d'apparence que l'Eglise de Dieu y sera gouuernée sous de bons Roys, que non pas qu'elle se mette à y destruire & aneantir leurs empires. Car ce qu'il y a de fascheux en la Royauté, c'est la corruption à laquelle elle est sujette. Hors cela, quand elle est administrée legitimement, comme c'est le gouuernement le plus noble de tous sans difficulté, aussi est ce le plus doux, & de beaucoup le plus souhaittable. C'est comme l'autorité d'vn bon Pasteur sur ses brebis, & d'vn bon Pere sur ses enfans : c'est le gouuernement que Dieu a tellemēt honoré, qu'il en a voulu prendre le nom de Roy de l'Vniuers : c'est le tiltre duquel

Iesus-Christ s'est voulu particulierement signaler, en se nommant *le Roy des Roys*; qualité dont les Independans le veulent dépouiller, puis qu'ils ont resolu d'abolir & les Roys, & les Royaumes. Tellement que ie ne doute nullement que ces gens ne se trompent en leurs Propheties. Aussi certes y suiuent ils la façon la plus prepostere qui se vid iamais, & la plus contraire à toute l'œconomie de l'Euangile. Chacun sçait que l'Euangile nous a donné ses preceptes, pour la conduite de nostre vie, & pour la regle de nos actions; & que l'Ecriture a illustré cela de quantité d'exemples que l'on peut tirer de la vie des fidelles qui nous ont deuancez, mais principalement de l'histoire du Sauueur du monde. De toutes ces instructions, nous deuons, si nous sommes sages, composer vne Morale & vne Politique Chrestienne, dont les maximes demeurent fermes & inuariables, pour donner vne forme constante à nostre vie & à nostre sanctification. Et pour cela nostre deuoir est de lire continuellement dans les liures du Vieux & du Nouueau Testament, les lieux où nous pouuons voir ces enseignemens, & d'où nous pouuons tirer ces exemples. Quant aux Propheties, nous les deuons lire à la verité; mais ce doit estre auec beaucoup de retenuë & de circonspection, iusqu'à ce que les euenemens les ayent éclaircies. Car il n'y a rien de si difficile aux hommes que deuiner; rien que Dieu chastie plus ordinairement que la temerité de ceux qui s'en meslent. De sorte qu'y ayant à peine iamais eu homme qui ait eu la hardiesse d'interpreter les Propheties auant leur accomplissement, qui ne s'y soit lourdement trompé, s'il n'a esté Prophete luy mesme; c'est vne merueille de voir qu'en ces derniers temps on ne puisse apprendre à estre sage par ces exemples. Lors que les Propheties sont arriuées, & que les euenemens y sont euidens, il y faut admirer & la sagesse de l'Esprit de Dieu qui les a preueus & predits si long-temps auparauant; & la puissance de sa main, qui execute si pleinement, & si ponctuellement ses predictions, nonobstant les obstacles qui s'y presentent. S'il y a quelques enseignemēs à en tirer, qui s'accordent auec la forme de Politique & de Morale que nous auons desja composée des preceptes & des exemples de la Parole de Dieu, il les y faut rapporter: S'il y a quelque chose qui s'en écarte tant soit peu, il la faut considerer comme vn effet de la secrette Prouidence de Dieu & de ses arrests eternels, dont nous ne sçauons pas les raisons : non comme vne regle de nos actions, dont il nous a donné la tablature en sa seule volonté reuelée. Cependant, comme si ces merueilleux Theologiens auoient le sens renuersé, ils prennēt directemēt le rebours de cette methode. Ils ne lisent quasi que l'Apocalypse, & Daniel, & Ezechiel, aux endroits où ils nous rapportent leurs plus obscures & plus difficiles visions. Ils entreprennent de les expliquer auant que d'en auoir veu l'accomplissement, & donnent hardiment leurs deuinemens pour choses asseurées & indubitables. Quand ils ont coniecturé que tel euenement doit arriuer, parce qu'ils se figurent que Dieu l'a ainsi predit, ils desirent auec vne ardeur incroyable que leurs coniectures reussissent. D'autant qu'ils le desirent auec tant d'ardeur, s'il y a quelque chose en leur pouuoir qui y puisse contribuer, ils s'efforcent eux-mesmes de les faire reussir: & s'ils n'y peuuent rien quant à eux, au moins y fauorisent-ils du cœur les efforts d'autruy, & portent de ce costé là toutes leurs inclinations & leurs pensées. Et enfin depuis qu'ils ont vne fois determiné leur esprit à cela, ils ne se soucient plus de choquer ny la pieté ny la charité, & pourueu qu'ils paissent leur imagination de l'esperance de la magnificence de ce pretendu Royaume *du peuple des Saints*, ils sont prests de mettre toutes les polices du monde en confusion, & toutes les Eglises de Dieu en desordre. De là nous sont venuës ces maximes qui tendent à dénigrer les personnes, & à dégrader l'autorité & la majesté des Roys, parce qu'ils se sont persuadez qu'il n'y en doit plus auoir: de là ces distinctions de la difference des Roys d'à present d'auec ceux des temps passez; parce que sans cela ils ne trouueroient point de legitime ouuerture à l'accomplissement de leurs Propheties. Certes il ne faut pas nier qu'il n'y ait diuers types de la Royauté, & qu'elle ne soit plus auguste, plus absoluë, plus approchante de l'entiere souueraineté de la Diuinité, en vn endroit que non pas en l'autre. Mais i'oseray bien affirmer pourtant qu'en toute l'Europe il n'y a point de Roys dont les loix fondamentales des Estats, ou le serment qu'ils font à leur sacre, limitent tellement l'autorité que la dignité de Roy ne les doiue rendre ſacrez & abſolument inuiolables à leurs peuples. Car quoy qu'il en ſoit, ils ſont *les Oincts de l'Eternel*, en qui il ne peut auoir mis vn ſi petit rayon de ſa majeſté, qu'il ne doiue eſtre reſpecté en eux auec vne ſinguliere reuerence. Et d'autant que ce Diſcours paſſe de beaucoup la meſure que ie m'eſtois propoſée au commencement, ie laiſſeray à conſiderer la dignité des autres Roys, pour me contenter, parce que ie ſuis François, & que i'ay la gloire & la conſeruation de mon Prince ſouuerain à cœur, de dire ſeulement quelque peu de mots de la ſplendeur & de l'autorité independante des Roys de France.

Ie ne m'arreſteray point à parler de leur origine, quoy qu'il eſt certain que le Royaume s'eſt premierement établi par conqueſte, qui eſt le droit qu'on eſtime le plus illuſtre, & qui donne le plus d'éclat à la majeſté. Ie ne diray rien de la façon de laquelle nos anciens Roys, ſous la premiere & la ſeconde lignée, ont diſpoſé de leur Royaume en le partageant, comme leur patrimoine, à leurs enfans ; quoy que c'eſt là de toutes les manieres de poſſeder la Royauté, celle que les Politiques iugent la plus entiere & plus absoluë. Ie considereray seulement le Royaume comme il a esté sous la troisiesme race, depuis cinq ou six cens ans, & prononceray hardiment qu'en cet estat là, la Couronne de France a tousiours eu toutes les marques d'vne Puissance absolument souueraine. C'ont tousiours esté nos Roys qui ont par leurs Ordonnances gouuerné l'Estat en general, & donné des regles aux actions de leurs sujets en particulier, & qui ont ou confirmé, ou abrogé, ou changé, ou interpreté leurs Loix comme bon leur a semblé, selon la necessité des occurrences. Tellement que sur les Constitutions, & les Edits, & les Declarations, & les Patentes, & toutes les autres choses de cette nature, qui ont concerné le public & les particuliers, il n'a iamais paru autre nom que le leur, iamais autre sceau que celuy qui a porté l'empreinte de leur visage & de leurs armes. C'ont tousiours esté nos Roys qui ont disposé de la paix & de la guerre, lors qu'il a esté question de faire l'vne ou l'autre auec ou contre les Estrangers; les resolutions ne s'en sont iamais prises sinon dans leurs Cabinets, les Traittez ne s'en sont iamais faits sinon par leurs Ministres & sous leur autorité ; & ne s'est iamais veu d'autres armoiries que leurs Fleurs de lis dans les Estendarts, iamais ne s'est liuré de combat, ny entrepris de siege de place, que par leurs Lieutenans, & sous leurs auspices. Et ce qui est le plus authentique adueu de leur souueraineté, qui se puisse desirer, dans les guerres ciuiles mesmes, où ils se sont declarez pour vn parti, l'autre a presque tousiours fait vne haute protestation, qu'il ne prenoit les armes que pour leur seruice. C'ont tousiours esté nos Roys qui ont creé les Officiers tant de Milice que de Iudicature dans toute l'étenduë de l'Estat, & qui ont fait les Connestables, & les Mareschaux de France, & les Amiraux, & les Colonels de l'Infanterie, & les Generaux des Galeres, & les Capitaines dans les armées, & qui ont expedié les Commissions pour leuer les gens de guerre, & donné les ordres necessaires pour les employer tant par terre que par mer. C'ont esté nos Roys qui ont creé les Parlemens & les autres Cours Souueraines, & qui leur ont attribué toute l'autorité qu'elles possedent maintenant : tellement qu'elles n'administrent la Iustice sinon au nom du Souuerain, qui se lit sur le front de tous leurs Arrests : & ce qu'elles ont de Souueraineté à l'égard des autres sujets du Roy, elles ne le tiennent que comme vn depost, dont elles sont responsables à la puissance Royale. C'ont esté nos Roys qui ont institué tous les autres Tribunaux ou la iustice s'administre dans le Royaume ; & les Seigneurs, qui qu'ils soyent, n'ont aucun droit de la distribuer en leurs terres, sinon par la concession de nos Princes. Ce sont eux seuls par deuers qui est la puissance de vie & de mort ; qui dispensent cõme il leur plaist de la rigueur de leurs loix par leurs Graces & par leurs Abolitions, qui en font expedier leurs lettres par leurs Chanceliers ; & qui en font iouïr comme ils iugent à propos par la plenitude de leur puissance. Ce sont eux seuls de qui tous les Grands du Royaume tiennent leurs fiefs, leurs tiltres, & leurs dignitez, de qui ils releuent comme vassaux, & à qui ils doiuent foy, & hommage, & obeïssance. Ce sont eux seuls à qui appartient le droict de battre monnoye de toutes façons, d'en hausser & d'en rabaisser le prix, d'en alterer & d'en ameliorer l'aloy, de luy donner cours & de la décrier. & n'y a iamais eu qu'eux qui y ayent imprimé leurs portraits, leurs armes, leurs chiffres, & leurs deuises.

De sorte qu'il n'y a pas vn denier dans tout le Royaume qui ne prouue leur Souueraineté, & à l'inspection duquel chaque François ne soit aduerti de se ramenteuoir le commandement de nostre Seigneur en l'Euangile. Ce sont eux seuls qui ont tousjours eu le droit de leuer les entrées des Ports, & les impositions des Traittes, & les peages des Salines, & les Tributs établis sur le Commerce : & quant aux tailles & aux capitations, ny on ne les leur a iamais refusées quand ils les ont demandées de droit Royal, ny on n'a iamais pretendu qu'il fust permis à aucun autre de les prendre. Ce sont eux seuls qui de leur gratification toute pure ont accordé les exemptions & les priuileges, & qui les ont reuoqués quand ils ont voulu, soit à cause de forfaiture & de delict, soit qu'ayant esté octroyez auec peu de circonspection par leurs deuanciers, ils fussent à la foule de leurs autres sujets, ou portassent quelque preiudice au Royaume Ce sont eux seuls qui ont donné les lettres de Marque & de Represailles, quand leurs sujets ont esté spoliés de quelque chose par les étrangers, de sorte qu'il n'a esté permis à qui que ce soit de se vanger, ny de poursuiure la restitution de ses propres droits par les voyes de

Math. 22. 21.

fait, sinon auec vne expresse permission de leur souueraine puissance. Ce sont eux seuls qui ont disposé de l'administration de leur Royaume, en cas d'absence de leurs personnes, par l'institution des Regens, & qui mesmes ont donné par leurs Testamens, des Tuteurs & à l'Estat & à leurs enfans, comme il y en a diuers exẽples dans nostre histoire. Ce sont eux seuls qui ont tousiours pourueu aux gouuernemens des Prouinces & des Places, qui ont basti les forteresses & qui les ont abbatuës, comme ils ont creu expedient pour le bien de leur seruice ; qui ont armé & desarmé le peuple ainsi que bon leur a semblé, & à qui seuls les garnisons ont eu serment de fidelité, tant au milieu de l'Estat, que dans les villes frontieres. Et quant aux assemblées que l'on appelle les Estats, telles qu'on les a veuës depuis quelques siecles ; ny les exemples ne s'en tirent point de plus loin que du temps de Philippes le Bel, il y a vn peu plus de trois cens ans, ny elles n'ont point esté conuoquées que par le mandement des Roys ; ny elles n'ont iamais tenu autre lieu que d'vne espece de Conseil formé par l'autorité du Souuerain, pour apprendre les necessitez du peuple, & pour reigler les charges du Royaume à la

mesure

mesure de ses forces, auec plus de proportion; ny il ne s'y est iamais rien soit proposé, soit resolu, que comme il a semblé bon aux Roys; ny il n'en est iamais rien emané que sous leur nom & par leur autorité; ny les Roys qui les ont tenuës, ou ceux qui sont venus apres eux, ne se sont iamais sentis obligez à garder les resolutions qui s'y sont prises, sinon autant qu'ils l'ont iugé expedient pour le bien de leur seruice, & pour l'vtilité du Public. En vn mot il n'y a aucune marque de Souueraineté dans toutes les parties du Royaume, qui n'ait toujours esté en la main des Roys, ny il ny a aucune partie du Royaume, quelle qu'elle soit, où il n'y ait quelque marque de la Souueraineté des Roys, & de l'independance de leur Puissance. Leur nom donc est dans la France, ainsi que quelcun l'a remarqué, ce qu'estoit dans la statuë de Minerue l'image de Phidias, où toutes les iointures & les liaisons de l'ouurage aboutissoyent de telle façon, que l'on ne l'en pouuoit oster que toute la statuë ne se demẽbrast, & ne s'en allast en pieces. En effet c'est dans l'autorité des Roys qu'est le support des peuples contre la violence des plus puissans : c'est de la splendeur de leur majesté que la Noblesse tire tout ce

M

qu'elle a dauantage par dessus le peuple. C'est de la gratification des Roys que le Clergé tient tous ses honneurs & toutes ses immunités; c'est à l'ombre de leurs Edicts qu'en cette contrarieté de Religions, & dans les animosités qu'elle produit, ceux qui seroyent autrement exposés aux outrages de leurs ennemis, viuent en paix, & se reposent. C'est la veneration qu'on a pour leur nom qui tient alliés ensemble tant de peuples encore plus differens d'inclinatiōs & d'interests qu'ils ne sont distans d'habitation; c'est comme l'ame qui informe le corps de l'Estat, qui luy donne vie & mouuement, qui tient en harmonie toutes ses parties au dedans, & qui le rend capable d'agir puissamment au dehors, ou pour repousser ses ennemis, ou pour secourir ses amis, selon que les occurrences le demandent. Et cela est ainsi reconnu par tous ceux qui sont veritablement François, dont le nombre a toujours esté de beaucoup le plus grand, quelque maligne constellation qui ait aucunes-fois corrompu les esprits par ses influēces. Car mesmes les Ecriuains étrangers nous ont rendu ce témoignage que nous aimons & venerons nos Princes plus que ne font les autres nations, comme reconnoiſſans en eux l'image expreſſe de la diuinité, de qui ſeule nous ſommes perſuadés qu'ils ont receu leur puiſſance. En effect, quand l'occaſion là requis, noſtre nation ne s'eſt iamais tellement laiſſé corrompre, ſoit par les flatteurs des Papes, ſoit par les ennemis de la Royauté, qu'elle n'ait hautement defendu cette verité, tant par l'euidence des raiſons, que par la force des armes. Lors que Boniface VIIIe ſe prit à Philippes le Bel, & qu'il ſe voulut attribuer quelque ſuperiorité ſur luy pour les choſes du temporel en ce Royaume, & que ce grand Prince luy reſpondit genereuſemẽt, que ne tenant ſa Couronne que de Dieu & de ſon épée ſeulement, il n'auoit point quant au temporel à luy rendre conte de ſes actions, il fut ſuiui des acclamations & des applaudiſſement de tout le Royaume. Lors que le Pape Iules ſecond entreprit d'excommunier Louys XIIe, & que ce Prince, pour ſe defendre de cet attentat, remua & le ſpirituel & le temporel de ſon Eſtat, il y fut ſecondé par les François auec tant de valeur & de ſuccés, que tant s'en faut qu'il euſt rien à craindre de ſes ſujets au dedans, qu'il enuoya iuſqu'en Italie chercher à combattre cet ennemy, & tout stion estoit si les Princes ayant fait ou eux ou leurs predecesseurs, serment à Dieu & à leurs peuples, de viure & mourir dans la Religion Catholique, & venans neanmoins à en defecter, & mesmes à la persecuter, nonobstant l'obligation du iurement, le Pape a le droict de deslier le serment de fidelité à cette occasion, & les peuples de refuser l'obeissance en consequence. Le tiers Estat y tenoit la negatiue constamment; & quoy que l'ordre Ecclesiastique enclinast de l'autre costé, & que la Noblesse s'y laissast aller aux persuasions du Cardinal du Perron, qui vouloit qu'on tinst la decision de la question en suspens, le Parlement entreprit de soustenir la These du tiers Estat, & fut suiui par ce qu'il y auoit de meilleur & de plus genereux en France. Sur tout ceux qu'on appelle Reformez se porterent de ce costé-là auec vne merueilleuse affection, parceque l'obeïssance à leur Souuerain ne leur semble pas vne loy si necessaire & si fondamentale à l'Estat, qu'ils la tiennent essentielle à la Religion Chrestienne. Car ils ont tousiours eu ce sentiment, qu'entre la dignité de leurs Roys, & la Majesté de leur Sauueur, il n'y a rien d'entremoyen, de sorte qu'ils mettent l'entreprise sur leur souueraineté, entre les marques indubitables de l'Antichristianisme. D'autant que n'y ayant au dessus des Roys sinon celuy seul qui les a faits tels, quiconque se fait leur superieur, se met en la place du Roy du Monde. Il ne faut donc pas craindre qu'ils manquent iamais de fidelité à leurs Princes, tandis qu'ils ne changeront point de Religion ; ny qu'ils changent de Religion, tandis qu'ils entendront la Parole de Dieu, d'où ils l'ont tirée. Leur vnique soin sera de prier Dieu, que comme il a mis dans la Souueraineté de nos Roys, vn portraict de sa majesté, il mette pareillement en leur conduite, vne image de sa iustice, & de sa bonté : & qu'il leur fasse la grace de bien penser, que plus les Monarques sont exemps de la iurisdiction des autres hommes, plus continuellement se doiuent-ils representer qu'ils ont à comparoistre quelque iour deuāt le tribunal de Dieu. *O Seigneur, donne tes iugemens au Roy, & ta iustice au fils du Roy, Afin qu'il gouuerne iustement le peuple que tu luy as assujetti, & qu'il iuge équitablement ceux des tiens qui seront affligez. Amen.*

FIN.

ERRATA.

Pages	Lignes	Fautes	Corrigés
8.	1.	Chanaam	Canaan
10.	27.	l'exploque	l'explique
23.	6.	Miniſtre	Maiſtre
26.	5.	priua	priue
29.	20.	autres choſes	autre choſe
36.	1.	conſacre	conſacra
39.	14.	le	les
52.	27.	Souueran	Souuerain
53.	16.	de	du
55.	11.	eſtreints	aſtreints
56.	22.	ordondées	ordonnées
59.	10.	ceux	deux
ead.	dern.	témoignage	témoignages
60.	4.	deſſunt	defunt
63.	11.	les	en les
66.	10.	ce	ces
84.	26.	requeſte	coquille
85.	7.	Socrates	Socrate
90.	4.	penple	peuple
ibid.	18.	n'eſt	non
95.	6.	magniſiquement	magnifiquement
103.	18.	liberié	liberté
104.	8.	deux	dix
122.	21.	leur	ſon
139.	16.	etoit	etoient
144.	2.	Republique	Prouince
158.	7.	deliuances	deliurances
164.	24.	lE'uangile	l'Euangile
168.	6	deuiner	de deuiner
173.	15.	Conneſtabies	Conneſtables
183.	18.	exemps	exempts

www.ingramcontent.com/pod-product-compliance
Ingram Content Group UK Ltd.
Pitfield, Milton Keynes, MK11 3LW, UK
UKHW021105290826
14628UKWH00014B/631

9 782011 947840